定年前後の生き方の
悩みを解消する
ならこの1冊！

定年 ひとり 起業

生き方編

大杉潤

自由国民社

はじめに　人生の幸福度は「70歳からの生き方」で決まる

この本は、2021年3月に出版した『定年起業を始めるならこの1冊！　定年ひとり起業』（以下『定年ひとり起業』）、1年前の2022年3月に出版した『定年後のお金の不安を解消するならこの1冊！　定年ひとり起業　マネー編』（以下、定年ひとり起業　マネー編）に続く、シリーズ第3弾の本で、『定年ひとり起業』シリーズの集大成とも言えるものです。

「生き方編」として、定年後の幸せな人生設計およびライフスタイルについて書きました。

おかげさまで、これまでの2冊は多くの読者の皆さまから予想をこえる大きな反響をいただき、実際に定年退職のタイミングで、ひとり起業を実践して、充実したフリーランス生活に踏み出した方々が続出しています。

「本を読んでいなければ、定年ひとり起業という選択は思いつかず、本当に感謝しています」

「定年ひとり起業という働き方が、求めていた定年後の生き方です。自分にもできると背中を押していただきました」

「この本に出会わなかったら、再雇用以外の道を思いつくことはなかった」

「起業はハードルが高いと思っていたのですが、リスクのない『定年ひとり起業』という方法を知り、思い切って第一歩を踏み出す勇気をもらいました」

といった喜びの声が、全国の読者の方から届いています。

定年退職の前から合同会社を設立して起業に踏み出した人や、伊豆と埼玉でデュアルライフを実践する私のライフスタイルに倣って、同じく伊豆でマンションを購入してデュアルライフを始める人も出てきました。

私のノウハウは、どんどん真似していただいて構いません。

隠しておくべき秘訣やノウハウは一切なく、「定年ひとり起業」をスムーズに進めるための手順や考え方をすべて公開しています。

そして第3弾となる本書では、これまでの経験に加えて、この1年間で大きく進化した私の「働き方改革」や「ライフスタイル」を集大成として整理し、分かりやすく紹介・説明していきます。

もちろん、すべての会社員が「定年ひとり起業」をしてフリーランスになるべきだとは決して思っていません。

しかしながら、会社員の8割以上（大企業では9割以上）が選択すると言われている定年再雇用という働き方以外にも、リスクが低くて「有力な選択肢」があることを改めて紹介することができればと考えております。

人生の幸福度は「70歳からのキャリア」で決まる

私は間もなく（2023年5月に）、65歳となり「高齢者」の仲間入りをします。このタイミングで、多くの会社員は完全定年（定年再雇用の終了）となって、ライフスタイルや働き方を大きく変えることになります。

公的年金が収入の柱となる、いわゆる「年金生活者」となるか、あるいは働き続ける場合には今まで勤務した会社とは別の職場で、まったく違った働き方になる人が多いでしょう。

私はどうかと言えば、65歳になっても働き方はまったく変わりません。

今、私は100％好きな仕事しかしていません。

57歳で独立起業してから8年目を迎えていますが、仕事の範囲は60代になってから年々広がっています。

研修講師をメイン事業として、経営コンサルティング、個人コーチング、ビジネス書の執筆、ラジオ等のメディア出演や寄稿、講演等、収入を複線化しながら1年365日、毎日仕事をしています。

楽しい仕事しかしていないので、仕事と休みの境界がありません。オンライン研修や打ち合わせが多いので、働く場所も自由で、埼玉県の自宅と伊豆の事務所がほぼ半々といった感じです。

年中無休ですが、まったく疲れもストレスもありません。やりがいのある仕事やビジネスパートナー、クライアントに恵まれて、自分が毎日感動したり、相手に喜んでいただくことばかりなので、幸せな日々を送っています。

60代の現在が本当に幸せな状態なのですが、**人生の幸福度は「70歳からのキャリア」で決まるというのが私の結論です。**

世界中が「格差社会」と言われ、日本もその例外ではありません。高齢化と人口減少が加速するこれからの日本では、「定年後、とくに70代以降に決定的な格差がつく時代になる」と私は予測しています。

そうした時代に対処するための有益な考え方として、私は働く期間を3つに分けて50代のうちから戦略的な準備をする「トリプルキャリア」という人生設計を提唱し、自ら実践してきました。

トリプルキャリアでは、会社員としての「ファーストキャリア」、定年ひとり起業によるフリーランスとしての雇われない働き方をする「セカンドキャリア」に続く、75歳からの「サードキャリア」を人生のピークと考えます。

サードキャリアとは、体力面・健康面での制約が出てくるタイミングで、仕事をライフワーク（人生のミッション）1本に絞り込み、ずっと現役として活動して社会とつながり続ける「理想の働き方」です。

平均寿命よりも「健康寿命」が大切で、日本人は平均寿命ほどに延びない「健康寿命」に課題を抱えていると言われますが、私はさらに「貢献寿命」が重要だと考えています。

「貢献寿命」とは、社会とつながって役割を持ち、誰かの役に立つ、感謝されるといった関わりを持ち続けられる人生期間のことで、『もし波平が85歳になったら？』（近藤昇他著・カナリアコミュニケーションズ）という本で紹介されている概念です。

「貢献寿命」がなぜ重要かと言えば、それが「幸福度」に直結するからです。

アドラー心理学でも「生涯貢献」というのを目指すべき生き方として提唱していますが、私は仕事で社会に貢献するのが最も幸福度の高い生き方になり、それが人生の質を決めると考えているのです。

では、間もなく75歳を迎える団塊世代の皆さんが今、何に関心を持っているのかという話から始めましょう。

団塊世代が読む「生き方」の教科書とは？

なかなか本が売れない厳しい時代を迎えている出版業界ですが、団塊世代の圧倒的な支持を受けてベストセラーを連発している著者がいます。

高齢者専門の精神科医として、30年以上にわたって高齢者医療の現場に携わっている和田秀樹氏です。

『70歳が老化の分かれ道』（詩想社新書）が35万部をこえるベストセラーになったのに続き、『80歳の壁』（幻冬舎新書）も大ヒット。

そして続編『70歳の正解』（幻冬舎新書）も売れ続けています。

6000人をこえる高齢患者を診てきた臨床経験から、和田氏は人生の質の格差が大きく開くのは70歳以降だと実感しているそうです。

例えば、認知症の有病率は60代で2・5%なのが、80代では30%になります。

認知症は70代で急カーブを描いて増えるのですが、70代の生き方が認知症の発症に大きく関係し、「よく働き、よく学んで、脳を怠けさせない生き方を選んだ方が、認知症の発症をおさえられる」というのが和田氏の見解です（『70歳の正解』より）。

和田氏は本格的な老いの関門を「80歳の壁」と表現して、その壁を乗り越えて健康長寿を実現するために「70代の生き方」を様々な切り口によって発信し、70代前半に差しかかった団塊世代が「生き方」の教科書としてこぞって読んでいるのです。

働くことと健康との関係は、第3章で詳しく説明していきます。

また、和田秀樹氏の著書をはじめ、定年後ライフスタイルに役立つ「珠玉の書籍」を第4章にて紹介していきます。

大杉潤が薦める「人生幸福度を高める方程式」

申し遅れましたが、私 大杉潤は、間もなく65歳で「高齢者」の仲間入りをする元会社員、現在フリーランス8年目です。

大学卒業後に、大手金融機関の日本興業銀行（現みずほ銀行）に入行し、22年間、銀行員として勤務しました。

45歳を迎える直前の時期を最初に、合計3回の転職を経験しました。

1回目の転職先が東京都で、石原慎太郎都知事（当時）のもとで、新しい銀行（新銀行東京）を立ち上げるプロジェクトの創業メンバーとして4年間勤務しました。

その後、国際会議を運営する人材会社で2年、最後は地方に本社があるメーカーで経営企画と人事の責任者を歴任。

2015年に57歳でサラリーマンを卒業し、現在はフリーランスとして企業研修講師、コンサルティングおよび執筆業等の仕事をしています。

私が定年前に起業して、フリーランスで仕事をすることにした理由は、人生100年時代を前にして、多くのシニア世代（40～60代）の皆さんが、今感じているのと同じように、定年後の長い人生に大きな不安を感じたからです。

会社員のまま過ごしていれば安定は得られますが、定年再雇用を選択したとしても65歳までしか会社で働くことはできません。

その先の人生の方が長く、65歳以降も仕事を継続して収入を維持していきたいと考えたのです。

そのためには、「雇われる働き方」ではなく、自ら事業を起こす必要があると考え、そのために転職も3回行って、様々な業界で実務経験を積んできました。

こうした多様な業種の会社での経験と、いずれ独立起業を念頭に置いて準備した活動があって、57歳で「定年ひとり起業」を果たしたのです。

その結果、60歳という節目の年でも定年によって仕事や収入をダウンサイジングさせることもなく、むしろ仕事を拡大・発展させていく方向で働き続けることが可能になりました。


「定年後の3大不安」と言われる「お金」「孤独」「健康」（3K不安）をいっぺんに解決する最良の方法が、「85歳まで現役で働く」というのが、私の持論です。


85歳まで現役で働けば、たとえ100歳まで生きるとしても余生は15年、人生80年時代に65歳まで働くのと同じ期間になるからです。

とくに65歳以上も働き続けることによって、年金に加えた収入が確保できるため

「お金」の不安が減ってくることが心の安定をもたらします。

また、仕事を続ければ、それに関わる仲間や人間関係が新たにできてきて、「孤独」の不安を感じることもありません。

さらに、働くことによって毎日、規則正しい生活が維持され、気持ちの上でも収入を得るプロとして緊張感を持って過ごすことにより心身の健康にもプラスになるのです。

私の場合は、85歳までということではなく、その先の年齢も含めて、働く期間を3つのフェーズに分けて考えることで、「生涯現役」というライフスタイルを目指しています。

これは先ほども説明したトリプルキャリアという考え方で、5年前に出版した拙著『定年後不安 人生100年時代の生き方』(角川新書)にて初めて提唱し、その後、『定年ひとり起業』シリーズにて詳しく、その実践法を解説しています。

そして本書では、トリプルキャリアを誰でも無理なく実践していくための方程式を結論として、最初に示しておきます。

トリプルキャリア
＝会社員（副業）＋定年ひとり起業＋ライフワーク

トリプルキャリアとは、働く期間を3つに分けて戦略的に準備する「生涯現役の働き方」ですが、会社員として働く期間をファーストキャリアとします。

今は副業もＯＫになっている会社も増えて来ていますので、できれば定年が視野に入って来た40代から50代には次のキャリアにつながる副業を開始することをお勧めします。

セカンドキャリアは「定年ひとり起業」で、60歳定年時か前後5年くらいの間に「ひとり起業」をして、雇われない働き方に移行します。

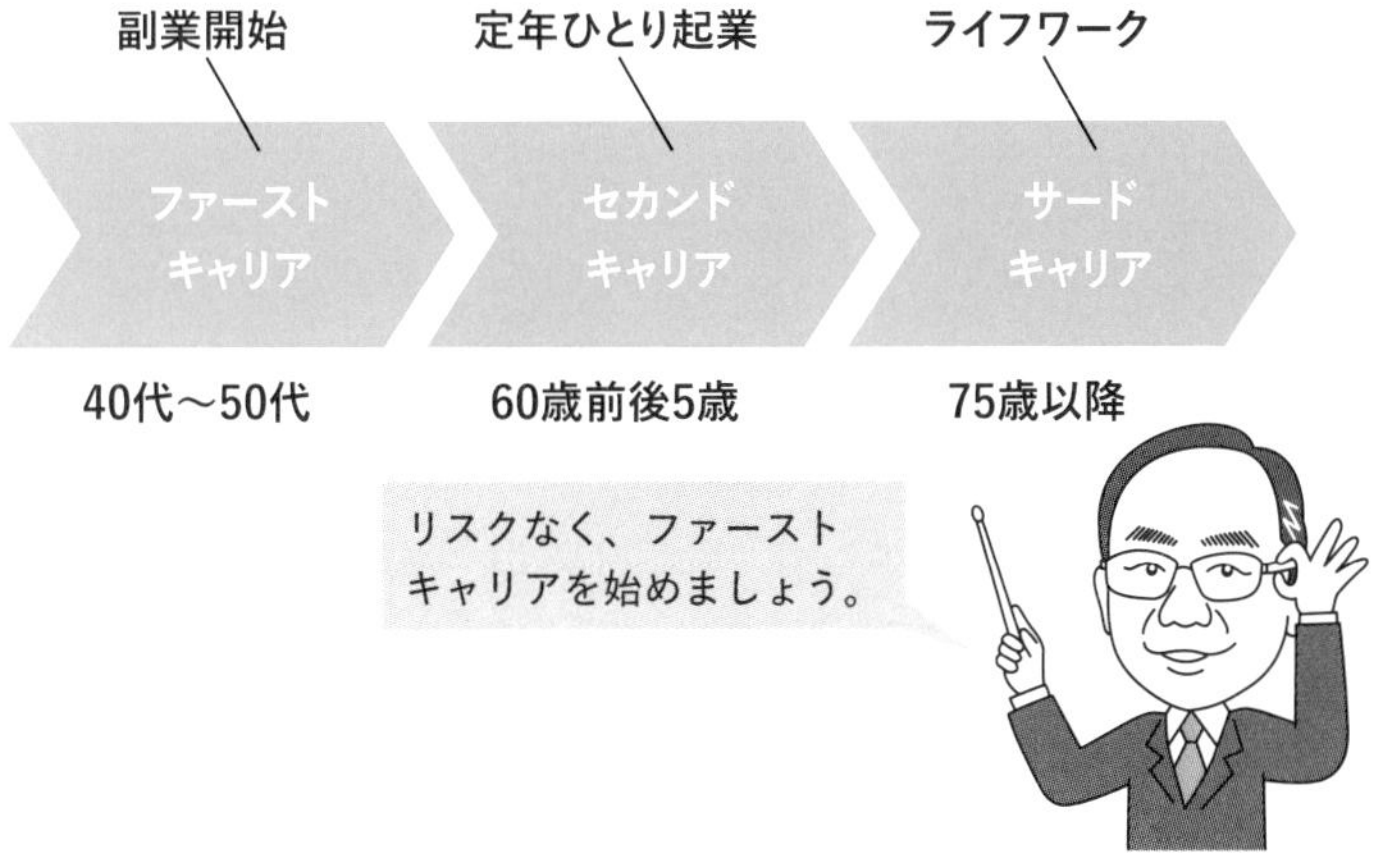

この期間をどれくらい取るかは個人差があるでしょう。

目処としては健康面・体力面の制約が出てきた年齢のタイミングで仕事をライフワークに絞り込んでいきます。

セカンドキャリアはフリーランスということで会社員のように毎月、安定した給与収入が得られるわけではありません。

そこで、収入源を複数持っておくこと、すなわち複数の異なる種類の仕事を掛け持ちで行うことが収入を安定化させるためのコツになります（これを「収入の複線化」と言います）。

しかしながら、サードキャリアでは複数の

仕事を掛け持ちで行っていくのは健康面・体力面で負荷が大きくなってくるため、これだけは人生の最期までミッション（社会的使命）として取り組み続けていきたいというライフワークに絞って活動するという働き方に移行するのです。

こうした無理のない働き方であれば、75歳以降、80代、90代になっても現役として社会とつながり貢献し続けることが可能になる。

逆に、体力が落ちてきてもずっと続けていける働き方に変えて、収入の大きさよりも「収入を取り続ける長さ」を重視して働くのです。

本書の構成ですが、第1章では、働く期間を3つに分ける「トリプルキャリア」について、その核心となる「時間」について考えてみます。

私たちは大人になるにしたがって、なぜ「1年があっという間に過ぎ去ってしまう」と感じるようになるのでしょうか？

10代より20代は早く過ぎ去り、30代、40代、50代と年を重ねるごとに1年が過ぎる早さは毎年、加速していくように感じます。

そうした中で、60代に訪れる定年、70代にやってくる体力・健康の壁を転機に、働き方をチェンジしていく、ライフシフトをしていくのが「トリプルキャリア」です。

60歳前後で、ファーストキャリアの会社員からセカンドキャリアのフリーランスへ。さらに75歳前後で、複数の収益源を持つセカンドキャリアからライフワークに絞り込んで働くサードキャリアへ。

人生のピークを、この「サードキャリア」におく人生設計が、「幸福学」の観点で見た時、最も幸せな生き方、充実した時間の使い方になると私は考えています。


このトリプルキャリアを実践していく上での最大の関門となるのは、「いかにセカンドキャリアである定年ひとり起業へスムーズに移行していくか」です。キーワードは「シームレス」です。


会社員で安定収入がある間に計画的に準備を進め、できれば副業を開始して、試行錯誤（トライ&エラー）を重ねた上で、可能な限りリスクを減らして会社員を卒業するスキームについて、私自身の体験も交えてじっくりと解説します。

第2章は、定年ひとり起業には必須のライフスタイルとして、ICT（情報通信技術）の活用について解説します。

私自身の経験はもちろんのこと、アクティブシニアのポイントとなるインターネットでつながる活動や実践例の紹介もしていきます。

第3章では、定年後3大不安（お金・孤独・健康）の中で、これまでの『定年ひとり起業』シリーズで紙面の都合であまり触れてこなかった「健康」について、私の考え方と実践例を提示します。

「働き続けることが最高の健康法」というのが私の結論ですが、それを裏付ける内外の数多くの研究も紹介します。

第4章は「集大成」としての本書の特徴となる部分で、「定年後ライフスタイル」を確立するために、とくに役立つ書籍を「珠玉の15選」として、著者名・書籍タイトルに加えて、著者がコンセプトやキーワードとして提示している「要諦」を解説し、その実践法や具体的に人生設計にどう取り込めばいいのかを解説します。

最後の第5章では、起業8年目に入った私の近況として、「デュアルライフの醍醐味」と、10年後にやってくる「サードキャリア」に向けての考え方や準備状況を包み隠さず公開していきます。

この本はこれまでの『定年ひとり起業』シリーズでは紙面の制約で十分に記載できなかった分野も含めて「定年後ライフスタイル」のすべてにわたる「総集編」とも言える内容となっています。

前2作を読まずに本書だけを読んでいただいても十分に理解できる構成になっていますが、3部作として全3冊を通読いただくことにより、より深いところまで理解が進み、スムースに新しい生き方に移行できるのではないかと思います。

前2作と同様、あるいはそれ以上に、この本に出会うことでひとりでも多くの方が定年ひとり起業を核としたトリプルキャリアを実践して、幸せな人生を送ることができたら著者としてこれ以上の喜びはありません。

目次

第2章

幸せな定年後に必須の「ICT活用」

第3章

定年後の「健康法」は、これが結論！ 155

第１章

働く期間を3つに分ける「トリプルキャリア」

生涯現役を目指す「トリプルキャリア」とは？

私は2018年4月に出版した2作目の著書『定年後不安 人生100年時代の生き方』（角川新書）という本の中で、働く期間を3つに分けるトリプルキャリアという考え方を初めて世に問いました。

「お金」「孤独」「健康」という定年後3大不安をいっぺんに解決する方法として「長く働き続ける」というライフスタイルで、「85歳まで働く」ことを提唱しましたが、男性の平均寿命は81・64歳なので、「生涯現役」で働くということで、私自身もそれを真剣に目指しています。

85歳まで働き続けるためには、同じ働き方では無理があるので、「働く期間を3つに分けて働き方をチェンジしながら、楽しく無理なく働き続けましょう」というのが、トリプルキャリアという考え方です。

図1－1をご覧ください。

図1－1　トリプルキャリアの概念図

ファーストキャリア（会社員として勤務）	・会社勤務、時間・場所・仕事の自由度低い ・収入の安定度高い ・定年あり
セカンドキャリア（雇われない働き方）	・専門分野、好きなこと、得意なことに特化 ・収入の安定度低い ・定年のない働き方へ移行
サードキャリア（理想の働き方）	・体力・健康面を重視して「長く働く」体制に ・移動距離・頻度を制限、好きな時間・場所のみで ・収入は減少、ゼロにはしない

（出典）『定年後不安　人生100年時代の生き方』（大杉潤著・角川新書）より作成

ファーストキャリアは会社員として「雇われる働き方」をします。

私も約34年間会社員をやってきましたが、何と言っても毎月、決まった金額の給与収入があるというのが最大のメリットであり、安心感があります。

家庭を築いて子育てをしていく等、生活設計が立てやすいので、自営業の人たちが戦後はどんどん会社員（＝給与生活者）になっていきました。

自営業の人たちと比べた時の会社員のもう1つの大きなメリットが厚生年金です。会社員は自営業者がもらう国民年金（会社員は「基礎年金」と呼びますが同じものです）に加えて、厚生年金を2階建て部分としてプラスで受給できます。

30年以上会社員として働いていれば、自営業者が受給する年金の2倍以上がトータルとして受け取れるのです。

ただし、会社員のデメリットもあって、それは「定年がある」こと。

現在は60歳定年の会社が多く、定年退職後に5年間を限度に非正規社員として再雇用の形で働ける会社が大半です。

それでも65歳には「完全定年」となり、65歳以降は原則として同じ会社では働けません。

どうしても仕事を続けたければ自ら探して転職するか、自営業として独立起業するしかありません。

85歳まで働こうとすれば、転職できたとしても「雇われる働き方」では難しく、自営業しかないでしょう。

そういう状況なので、私は50代から60代の間に、セカンドキャリアとして「雇われない働き方」にチェンジすることを勧めているのです。

そのセカンドキャリアに移行する時に、最もリスクの低い起業法が「定年ひとり起業」です。

私は主に50代から60代にかけての時期に会社員を卒業して「定年ひとり起業」をする方に向けて、以下の「定年ひとり起業5原則」を提唱しています。

1．会社員（または公務員）として働いた経験を長く持った上で50代または60代というタイミングで独立起業する

2．個人事業主として開業するか、ファミリー・カンパニー（妻を社長とした合同会社など）を設立して独立し、原則として自分ひとりで事業を行う

3．自宅を事務所にするなど初期投資を最小限に抑え、多額の仕入れや在庫保有を行わず、借金もしない、家族以外の従業員を雇わないという低リスクの事業形態とする

4．厚生年金を確保した上で、年金プラスアルファの収入（月5～10万円程度）を目指す規模の事業からスタートし、好きなことを仕事にしてストレスなく働く

5. 会社員時代の経験である知識・スキル・人脈をフル活用し、足りないリソースは外部に業務委託する形で規模を拡大せずに「長く働くこと」を最優先に事業を運営する

各原則の深い意味については、『定年ひとり起業』に詳しく解説していますので、ぜひご参照ください。

このセカンドキャリアへの移行がトリプルキャリアの肝になることは間違いありません。

セカンドキャリアで「雇われない働き方」に移行する最大のメリットは、定年がなく、自分で何歳まで働くかを決められることです。

しかも仕事の内容も働く時間や場所も、自営であれば自分で決めることができます。

私は8年前に定年ひとり起業をして、この働き方になり、今100％好きな仕事しかしていません。

伊豆に執筆の拠点として温泉が付いた宿泊可能な海が見える事務所を構えているの

で、埼玉の自宅と静岡の伊豆にほぼ半々で滞在する2拠点生活（デュアルライフ）をしています。

伊豆の事務所では当初、ビジネス書の執筆とYouTube動画の収録・編集をメインに行っていましたが、現在はオンライン研修やそのためのオンライン打ち合わせも伊豆で行うことが可能になり、半々の滞在というライフスタイルになりました。とても快適なので、セカンドキャリアとして今の働き方（ビジネスモデル）を続けている間はこのライフスタイルで行こうと思っています。

最後のサードキャリアですが、70歳から80歳の間（70代の10年間）のどこかで体力面・健康面での制約が出てくると予想しているため、そのタイミングで仕事をライフワークに絞り込むサードキャリアへ移行する計画です。

現在のフリーランスとしての働き方では経済的な安定を得るために「収入の複線化」を重視しているので、

①　研修講師

②　**経営コンサルティング**
③　**個人向けコーチング**
④　**ビジネス書の執筆**
⑤　**講演・セミナー・メディア出演・コラム寄稿**

といった5種類の仕事をしています。

体力面・健康面での制約が出てくる70代ではこの働き方は難しいと考えているので、サードキャリアへ移行して、執筆業1本に絞り込みたいと思います。

大好きなハワイにロングステイ（長期滞在）して、世界で4000万部をこえるベストセラーとなったビジネス書の名著『**7つの習慣**』（**スティーブン・コヴィー著・キングベアー出版**）をこえるビジネス書を出版したい、というのが私の夢です。

65歳という「完全定年の壁」と75歳前後という「体力・健康の壁」という2つの年齢による壁が予め分かっているので、そのタイミングでファーストキャリアからセカンドキャリアへ、セカンドキャリアからサードキャリアへとライフシフトしていくのが「トリプルキャリア」という考え方で、図1－2のようになります。

図1－2　65歳の壁と75歳の壁を意識したキャリア設計

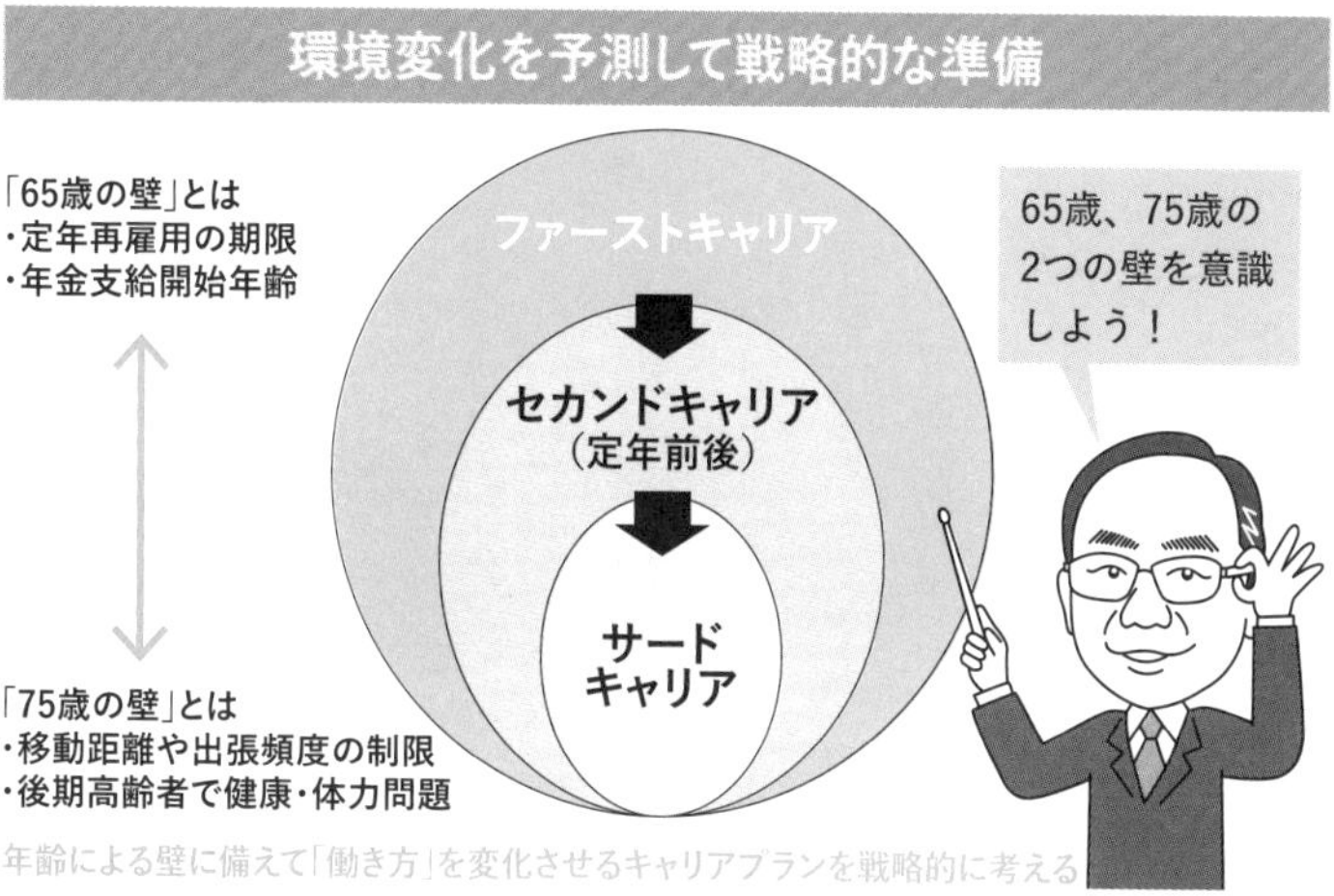
環境変化を予測して戦略的な準備
「65歳の壁」とは
・定年再雇用の期限
・年金支給開始年齢
「75歳の壁」とは
・移動距離や出張頻度の制限
・後期高齢者で健康・体力問題
ファーストキャリア
セカンドキャリア
（定年前後）
サード
キャリア
65歳、75歳の
2つの壁を意識
しよう！
年齢による壁に備えて「働き方」を変化させるキャリアプランを戦略的に考える

そのためには、50代から戦略的な準備が必要になりますが、それは後ほど説明していきます。

体感時間を延ばす唯一の方法とは？

私たちは大人になるにしたがって、時間が過ぎ去る速度がどんどん速くなっていくと感じます。

10代の頃の1年間はたっぷり時間があると感じたけれども、20代になっての1年間はすごく速く過ぎてしまいました。さらに、30代、40代、50代と年を取っていくたびに、「1年はあっという間に過ぎ去ってしまう」と感じる度合いが強くなっているのではないでしょうか。

多くの読者がそう感じていると思うのですが、なぜ、私たちの「体感時間」は歳を重ねるごとに短くなっていくのでしょうか？

様々な説があるようですが、一つの有力な答えが、**「ジャネーの法則」**というものです。

「人生のある時期に感じる時間の長さは年齢の逆数に比例する」という考え方で、19世紀フランスの哲学者であるポール・ジャネが考案した法則です。

例えば、10歳の子どもにとって、直近の1年間は人生の10分の1という長さですが、50歳の大人にとっての最新の1年は人生全体の50分の1となり、1年という時間の感じ方や中身の濃さが大きく違うのです。

さらに、10歳の子どもにとっては毎日、何か新しい体験や発見をするので、それだけ日々の出来事が印象的で、かつ心に強く残ります。

つまり日々、充実した時を過ごしたと受け止め、体感時間が長くなります。

一方、50歳の大人にとって、毎日出会う出来事の50分の49は以前に経験したもので、驚きも感動もなく印象に残らない。

1年間で初めて出会う出来事は、50分の1しかないので、日々変化に乏しく、あっという間に1年が過ぎてしまうというわけです。

ジャネーの法則以外でも、物理的な時間と体感時間の違いを説明する説はあります。例えば、個体の小さな生物は心拍数が多く、体感時間が長い一方、個体が大きな生物は心拍速度が遅く、体感時間が短いそうです。

ネズミは小さくて心拍数が多いため寿命は約1年と短いのですが、その一生の期間となる1年間をとても長く感じていると言います。

それに対して、ゾウは大きくて心拍速度も動作もゆっくりで、寿命も50年〜70年と長く、同じ1年の体感時間はネズミと比べてはるかに短いと言われています。

人間の子どもと大人の関係でも、身体が小さい子どもの方が大人より体感時間が長いのは、生物の特性に合ったものと言えるでしょう。
ちなみに、この「体感時間」という観点で言うと、40歳時点で人生の83％が終了、50歳時点で人生の87％が終了していることになります。それだけ、平均寿命までの時間は短く感じられるということなのです。

心理的な時間で言うと、残された人生の時間が短いことに驚かされます。

では、身体が大きくなっている大人が、体感時間を延ばし、充実した1年1年をしっかりと過ごせるようにする方法はないのでしょうか？

千葉大学大学院の一川誠教授の書いた**『仕事の量も期日も変えられないけど、「体感時間」は変えられる』（青春出版社）**によれば、身体の代謝が激しいほど「心理的な時間」は長くなります。

また、初めて体験する出来事の数も「体感時間」に影響し、初めての体験が多いほど「心理的な時間」は長くなるのです。

私たちが定年前後の年齢になった時に、これまでの生活や働き方を変えなければ、日々出会う出来事は今までの延長となるので、とくに印象に残らず、1年はあっとい

図1－3

「相転移」：必ず訪れる人生の潮目の変化

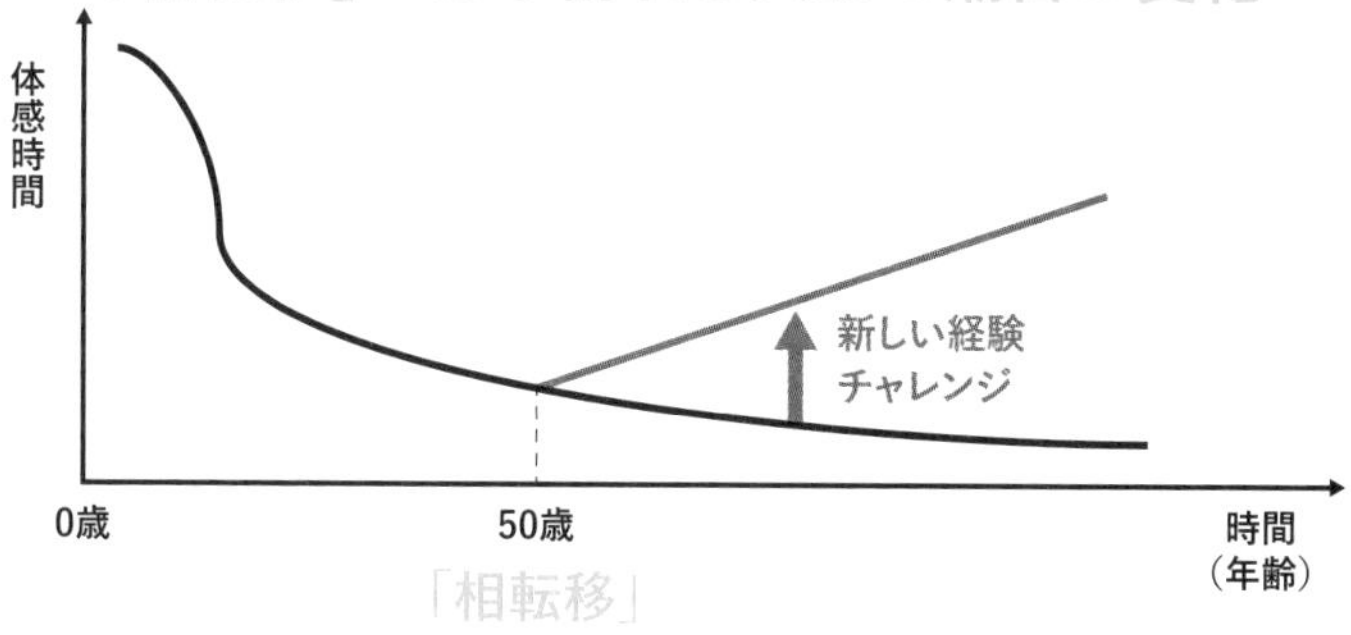

（出典）『人生は図で考える　後半生の時間を最大化する思考法』（平井孝志著・朝日新書）より大杉作成

う間に過ぎ去っていくことでしょう。

「体感時間」を延ばして人生後半を充実した日々にするために、戦略コンサルタントから50歳を機に筑波大学大学院の教授に転身した平井孝志氏は、人生の半ばの時期にまったく新しい分野にチャレンジする「相転移《そうてんい》」を提唱し、自ら実践しました（**『人生は図で考える　後半生の時間を最大化する思考法』（平井孝志著・朝日新書）**より）。

図1－3は、相転移を実践した50歳のタイミングで、逓減してきた体感時間の曲線が新たなチャレンジをすることで毎日初めての体験や出来事に遭遇し、右肩上がりの直線に変

図1－4

トリプルキャリアで2回の「相転移」

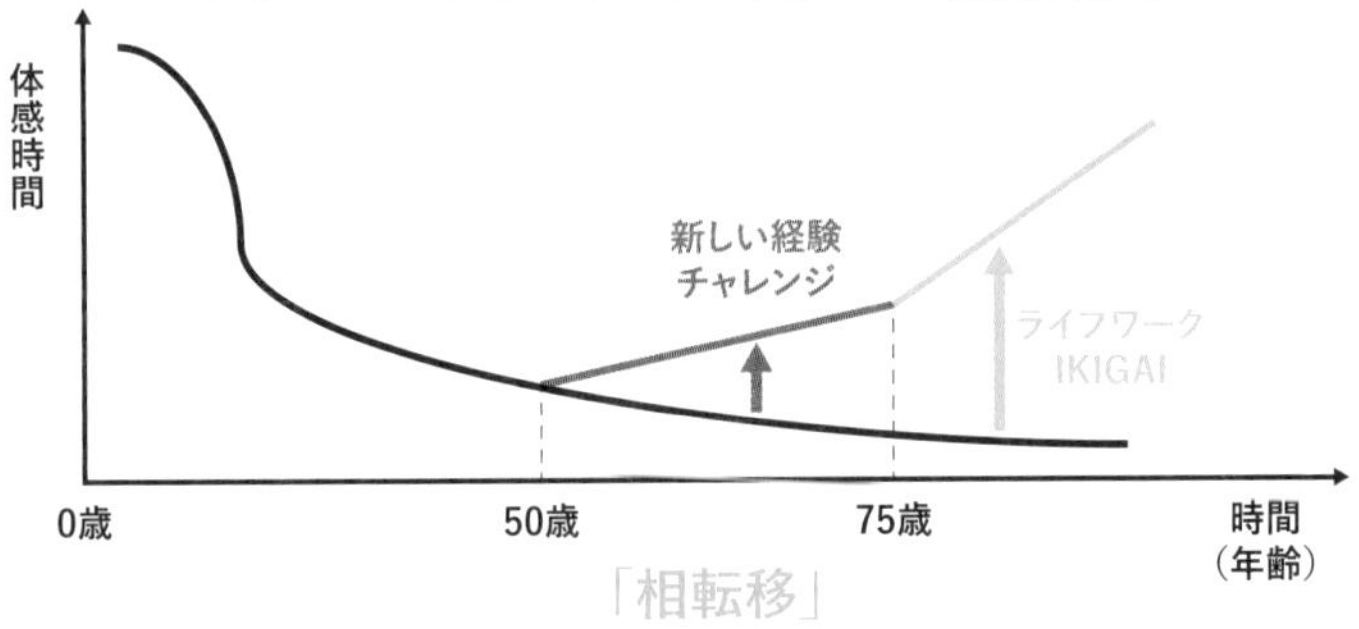

（出典）『人生は図で考える　後半生の時間を最大化する思考法』（平井孝志著・朝日新書）より大杉作成

化したことを示しています。

こうすれば、50歳以降の「体感時間」は劇的に長くなります。

しかも年々長く感じる「右肩上がりの直線」になる。

平井氏は著書の中で、誰でも「人生の半ばに相転移する」ための種や思いをこれまでのキャリアや体験の中から培っているというのです。

私が57歳時点で会社員（計4社に勤務）を卒業し、定年ひとり起業に踏み出したのは、まさに人生の相転移だったのかも知れません。

こうしたライフシフトを経験することによって、確かに初めてのチャレンジや体験が数多くなり、会社員時代と比べて体感時間は格段に長くなりました。

さらに、この「相転移」を70代でもう1回実践するのがトリプルキャリアで、体感時間の線は**図１－４**のようになり、さらに充実して幸福度の高い生涯現役の人生になることでしょう。

長く働くための武器は「オンリーワン」

人生の相転移を果たして長く働き続けるための最大の武器は、異なる「3つの専門性」を組み合わせて、「オンリーワン」の存在として仕事をすることです。

リクルート出身で公募により民間人で初の公立中学校の校長（杉並区立和田中学校の校長として様々な教育改革を実践）になった藤原和博氏が提唱している「**クレジットの三角形**」理論です。

1つの専門性を持つ人は、だいたい100人に1人の希少性です。

これが2つ組み合わさると、100分の1×100分の1となり、1万分の1の存在になります。

つまり、1万人に1人の希少性というわけです。

これだけではなかなか雇われずに食べていくのは難しい。

そこで藤原氏はさらにもう1つ、これまでの2つとはできるだけ離れた分野で異なる専門性を獲得して掛け合わせることで、100分の1×100分の1×100分の1＝「100万分の1の希少性」、すなわちオンリーワンの存在になることを提唱しています。

「100万分の1の希少性」とはオリンピックのメダリスト級だそうです。

1つだけの専門性でメダリスト級になるのは、才能や環境に恵まれ、かつ格段の努力を要するため至難の業ですが、3つの専門性の組み合わせであればそれほど難しくない、と藤原氏は言います。

現在の日本では、1年間に生まれてくる新生児数は100万人を大きく割って80万人前後なので、１００万人に１人という希少性は、今の新生児の人口で考えると、まさに同年齢で１人、同じ学年でたった１人という「オンリーワンの存在」なのです。

１つの専門性を習得するには平均で１万時間が必要と言われていますが、中高年会社員ならどんな業種でも１つか２つの専門性はすでに身につけているものです。

会社員として働きながら、新たに１万時間を投入して、まったく異なる専門性を獲得するのは、もちろん相当な努力が必要です。

平日は毎日2時間、週末の土日で計10時間の自己啓発を行ったとしてもトータル10年間かかります。

5年で達成するには、その2倍の時間をかけなければなりません。

藤原氏の場合は、リクルート時代に獲得した「プレゼン・営業力」と「リクルート流マネジメント」という2つの専門性に加えて、まったく違う教育界において、「教育改革実践」という3つ目の専門性を、杉並区立和田中学校の校長を務めた5年間で身につけました。

「プレゼン・営業力」「リクルート流マネジメント」「教育改革実践」という３つの

図1－5　藤原和博氏の３つの「専門性」の組み合わせ

藤原和博の「クレジットの三角形」理論
1/100 × 1/100 × 1/100 ＝ 1/1,000,000 ⇒　100万人に1人の「希少性」

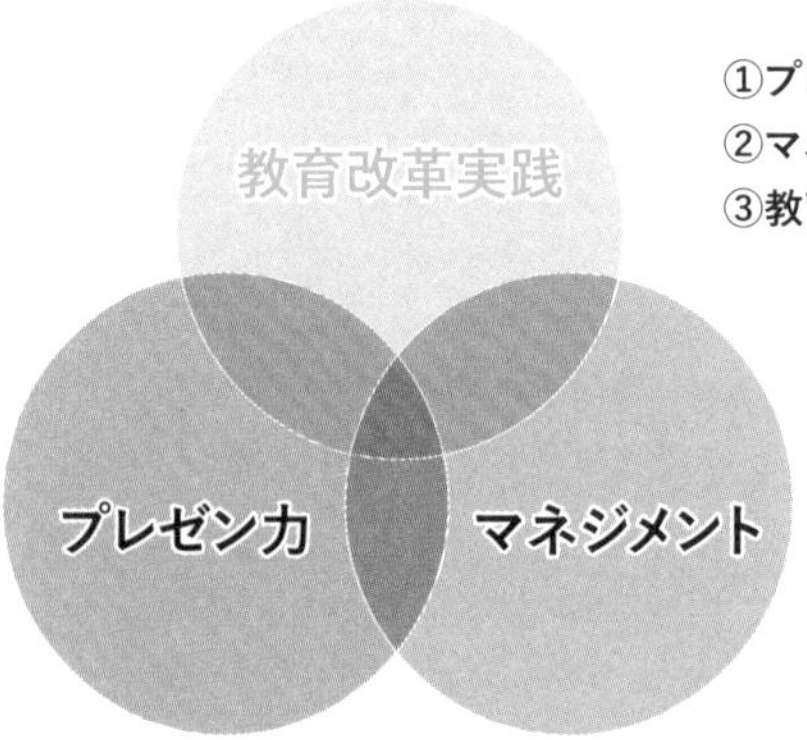

①プレゼン力：リクルート営業
②マネジメント：リクルート流管理手法
③教育改革実践：民間人初の校長

2つの専門性を組み合わせて土台に
⇒ 3つ目は、かけ離れた専門性に

専門性の組み合わせは、まったく世の中に存在しない「オンリーワンの存在」だと言います（図1－5を参照）。

この藤原和博氏の「クレジットの三角形」理論は、『100万人に1人の存在になる方法』（ダイヤモンド社）や『60歳からの教科書 お金・家族・死のルール』（朝日新書）等複数の著書で紹介されていて、多くの起業家がこの方法を真似てブレイクを果たしています。

有名人では、ホリエモンこと堀江貴文、キングコングの西野亮廣、オリエンタルラジオの中田敦彦等。

この3人は自らの本で藤原氏の理論をそのまま実践したと書いています。

また、結果的に3つ目の専門性でブレイクしたフリーのコンサルタントもいます。マッキンゼー出身の大嶋祥誉氏です。

大嶋氏は著書『マッキンゼーで当たり前にやっている働き方デザイン』（日本能率協会マネジメントセンター）の中で、①戦略思考、②人材開発コンサルティング、③瞑想という3つの専門性を組み合わせてフリーで仕事をしていることを紹介しています。

3つ目の「瞑想」を専門性として打ち出すかどうかをずいぶん悩まれたそうです。瞑想をビジネスに持ち込むと「何となく怪しい」と受け取られるのではないか、と感じたためです。

結果的には「マインドフルネス」など経営者の関心テーマに瞑想はマッチしたことから、仕事が飛躍的に増えたと言います。

瞑想を組み合わせた戦略コンサルタントは希少性が高く、オンリーワンの存在になったのだと思います。

図1－6　大杉潤の３つの「専門性」の組み合わせ

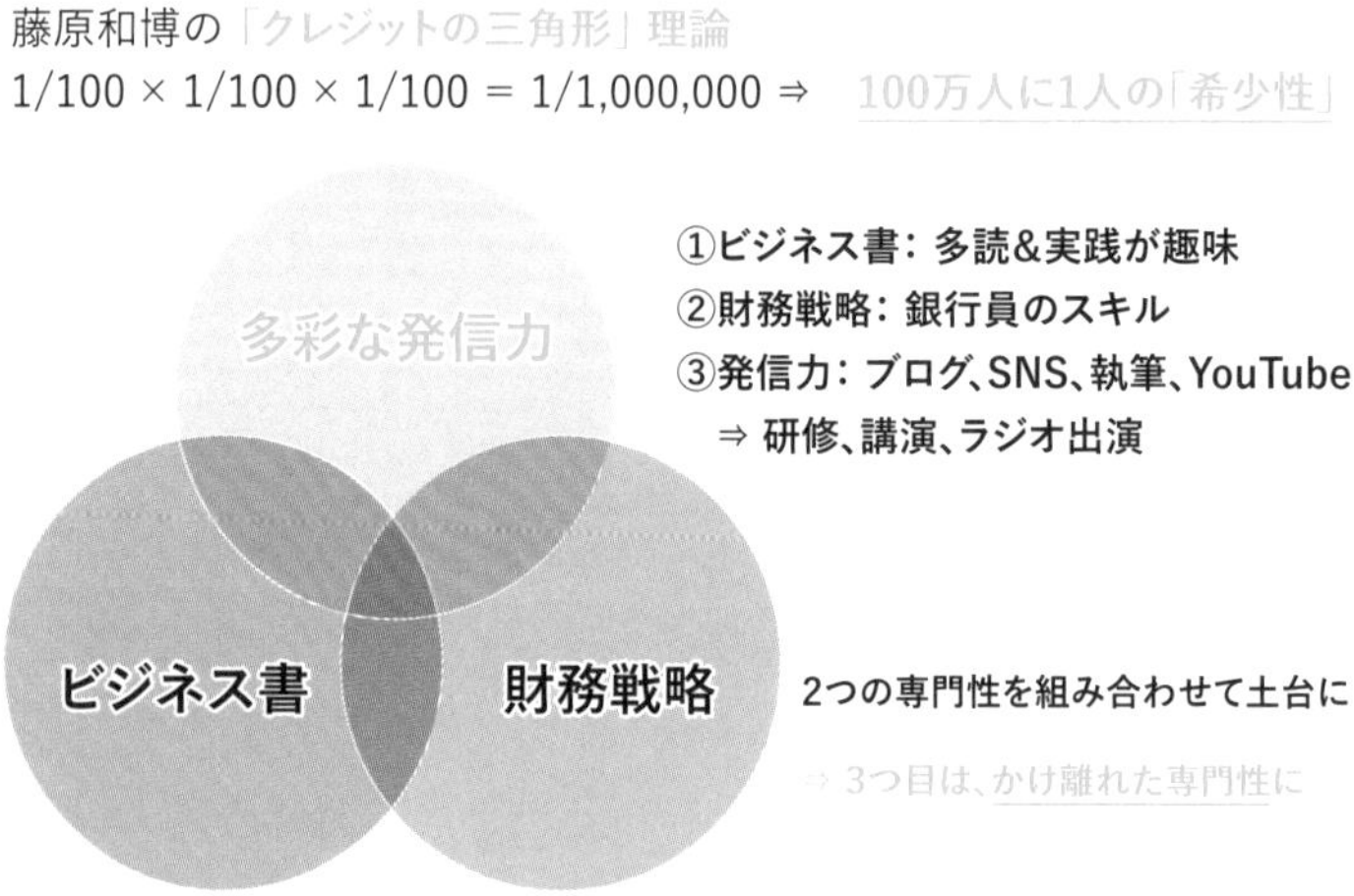
藤原和博の「クレジットの三角形」理論
1/100 × 1/100 × 1/100 = 1/1,000,000 ⇒ 100万人に1人の「希少性」
多彩な発信力
ビジネス書
財務戦略
①ビジネス書：多読&実践が趣味
②財務戦略：銀行員のスキル
③発信力：ブログ、SNS、執筆、YouTube
⇒ 研修、講演、ラジオ出演
2つの専門性を組み合わせて土台に
⇒ 3つ目は、かけ離れた専門性に

私、大杉潤の場合は定年ひとり起業をする際に、藤原氏のクレジットの三角形理論に基づき3つの専門性を組み合わせる様々なシミュレーションを行いました。試行錯誤を重ねた結果、現在は、図1－6のように、①ビジネス書の多読・実践、②財務戦略（決算書を読み解いて経営者にアドバイスする銀行員としてのスキル）、③多彩な発信力（ブログ、Twitter、Facebook、Instagram、YouTube、ラジオ出演、講演、研修、出版、寄稿等）の3つの専門性を組み合わせて、オンリーワンの存在として仕事をしています。

オンリーワンとして成功するための専門性組み合わせのポイントは、「好きなこと」であり、「継続すること」というのが、私の経験から得た結論です。

生涯現役のための「戦略的な準備」

働く期間を3つに分ける「トリプルキャリア」という人生設計で、最大のポイントは会社員であるファーストキャリアから、いかにして雇われない働き方となるセカンドキャリアへ移行するかという点です。

定年ひとり起業という働き方にチェンジするのが最もリスクがなく、長年真面目に仕事をしてきた定年世代の会社員なら、誰でも実践できる方法だと提唱してきました（『定年ひとり起業』および『定年ひとり起業　マネー編』を参照）。

もちろん定年ひとり起業だけが「長く働き続ける方法」ではありません。

定年再雇用や出向・転籍、あるいは、まったく違う業界へ転職するという方法で幸せに長く働き続ける人もいます。

自分の置かれた家庭・家族の状況、健康状態、その他様々な外部環境によって、人それぞれに適切な選択があるものです。

ただ、どういう働き方を選択したとしても、共通して大切なポイントがあります。

それは、人生100年時代になって65歳以降の人生が30年～35年と長くなる可能性が高いことをしっかりと踏まえて戦略的に準備をしておくことです。


大切なのは、あるべき姿であるビジョンを明確に描き、現状をしっかり把握して、そのギャップをどう埋めていくかという戦略を考えていくという思考法で、これを「戦略的思考」と言います。


ゴールであるあるべき姿（ビジョン）から逆算して考えるバックキャスティングの思考法です。

私のメイン事業である企業研修事業において、最も頻度が高く人気なのが「戦略的思考」の研修です。

実は、企業が実施する経営戦略、事業戦略を策定する基本プロセスは、人生戦略の策定にもそのまま応用できます。戦略的思考のトレーニングをしたい方は、戦略的思考の研修プログラムをベースに書かれた『戦略的思考トレーニング 目標実現力が飛躍的にアップする37問』（三坂健著・ＰＨＰビジネス新書）をぜひお読みください。気楽に演習問題を解きながら戦略的思考が自然と身につく良書です。

さて、バックキャスティングで「トリプルキャリア」で長く（できれば生涯現役で）働くための戦略的な準備ですが、まずは70代からの「あるべき姿」として「サードキャリアの働き方」を描くところからスタートします。

定年ひとり起業をしてフリーランスで働く場合のポイントは、収入の複線化ですが、サードキャリアでは働く時間や場所を限定するので、仕事の中身も整理して、ライフワークだけに絞り込みます。

これを私は「理想の働き方」と呼んでいます。

つまり、働きたい時間だけ、働きたい場所だけで自由に働くというライフスタイルです。

例えば、週に2日だけ働いて残りの5日はフリーにして趣味や休養に充てる。

図1－7　自らの「使命」と感謝すべき人・経験　～大杉潤の場合～

	自らの「使命」	優先度	感謝すべき人・経験など
仕事面	ビジネス書の素晴らしさを世界中の人びとに伝えていく	A	キャリア開発、転職、起業の指針となったビジネス書
生活面	どんな時も家族みんなの健康と幸せを最優先に	A	健康な心身をくれた両親 サポートしてくれた妻 自立した2人の子どもたち
その他	ハワイでライフワークを	B	元気をくれたハワイ

毎日働くけれども1日2時間しか働かない、というライフスタイルもあるでしょう。働く場所も自宅やその周辺のカフェだけとかリゾート地にゆっくり滞在して働く等。まさに自由気ままに、理想の働き方を自ら考えて実践します。

そのために大切なのは、自らの「人生のミッション」を考えてみることです。

私のお勧めは、収入は大きく減ってもいいけれど、ゼロにはしないで「稼ぎ続ける」こと。

社会と繋がりを持ち、何らかの役割を果たしてその対価として報酬を得ることです。

人生のミッションは、「自分は何のため

図1－8　幸福学が解明した「幸せの四つの因子」

やってみよう 自己実現と成長の因子	夢、目標、強み、成長、自己肯定感
ありがとう つながりと感謝の因子	感謝、利他、許容、承認、信頼、尊敬、自己有用感
なんとかなる 前向きと楽観の因子	前向き、楽観性、自己受容
ありのままに 独立とあなたらしさの因子	独立、自分らしさ

（出典）前野隆司『実践ポジティブ心理学 幸せのサイエンス』（PHP新書）および
前野隆司『幸せのメカニズム 実践・幸福学入門』（講談社現代新書）

に生きているのか」「なぜこの世に生まれてきたのか」を自ら問い直すという思考から生み出すものですが、一度決めたら未来永劫変えないというものではありません。

日々、進化させながら繰り返し、心に思い浮かべながら柔軟に変化させていくのがいいと思っています。

大手企業で定年を近い将来に控えた50代会社員の方々向けに、キャリアデザイン研修をする機会が私は多くあるのですが、その際に図1－7を使って、「幸福学」研究の第一人者である前野隆司慶應義塾大学大学院教授が提唱する「幸せの四つの因子」（図1－8参照）のうち「ありがとう」（つながりと感謝の因子）から人生のミッションを考えるという演習を行っています。

ミッションという言葉はキリスト教が語源で、「神から与えられた使命」のこと。企業でもＷＥＢサイトでミッションを掲げる企業は増えていますが、その場合は「社会的使命」と訳し、自分たちの会社はなぜ世の中に存在するのか、というＷＨＹにあたるもの（存在価値・存在意義）になります。

人生でも一緒で、自分はなぜ、この世に生まれてきたのか、何のために生きているのかが「人生のミッション」であり、死ぬ直前まで続けていきたい活動＝ライフワークとなります。


70代からのサードキャリアでは、このライフワークだけに絞って仕事をし、社会への貢献を生涯続けていく。アドラー心理学でも提唱する「生涯貢献」です。


このサードキャリアをしっかりと問い直しながら、それを実現していくためのセカンドキャリアの働き方を考えていくのが「戦略的思考」です。

ビジョンを実現するための戦略は1つとは限りませんし、外部環境（政治・経済動向、社会動向、技術革新等）が変われば、戦略も柔軟に見直していかなければなりません。

私は、このバックキャスティングで夢を実現するための戦略を考えていくのが大好きです。

そもそも世の中がどう変化するのかに興味があり、予測しているビジネス書は必ず読んで、自らも様々な仮説を立てて予測してきました。

そうした予測は当たることもあれば、外れることもありますが、外れたらなぜ外れたのかを分析し、すぐに戦略を練り直します。

前著『定年ひとり起業　マネー編』（自由国民社）には、年金制度改革の方向性を予測として書き、それに対応する戦略として、できるだけ長く働いて公的年金を繰り下げ受給するという方向性を提示しました。

とくに「妻の基礎年金」が最も大切で、40年加入プラス10年繰り下げとする「理論最高値」を目指すべきという戦略を提言しました。

また投資についても、人口が急減する日本国内ではなく、世界の経済成長に投資する観点から、今後人口が1億人増加する米国株Ｓ＆Ｐ５００という外貨建インデックス投信を核に、長期・分散・積立で投資するという戦略を薦めてきました。

「どうせ人間いつ死ぬか分からないし、定年後はなるようにしかならないのだから自然体で過ごす」という方は私の周りにも結構多くいらっしゃいますが、私はとくにそういう生き方も否定しません。

人生は「選択の連続」ですし、自ら積み重ねた選択の結果が現在の自分なのです。

人生のミッション（＝ライフワーク）とは「ＩＫＩＧＡＩ」

では、人生のゴール（あるべき姿＝ビジョン）はどのようにして見つけ、定めていけばいいのでしょうか？

「やりたいことが見つからない」「とくに夢はない」という会社員の方が多いのではないかと思います。

それは、日々、目の前にある仕事で頭がいっぱいで、改めて定年後など先のことを考えるゆとりがないためでしょう。

ただ私は、50代のどこかのタイミングで、会社での出世ではなく、その先にある「定年後のライフスタイル」について考える時間を持つことがとても大切だと思います。

会社は死ぬまでの面倒はもちろん見てくれません。

会社での人間関係も、定年退職した瞬間にほとんど切れてしまいます。

会社員時代の先輩や同僚を見ていてもそうでしたし、私自身も会社員時代の知り合いよりも、57歳でフリーランスになって以降の人間関係の方がはるかに多く、密度も濃いことがはっきり分かりました。

50代の会社員の方々に私が強く薦めているのが**「人生とキャリアの棚卸し」**です。

会社に入ってからのキャリアだけでなく、生まれて記憶が残っている最初の時（多くは幼稚園の年長か小学校1～2年生頃）から振り返ってほしいのです。

自分が「好きなこと」「得意なこと」「楽しいこと」「ワクワクすること」等を思い出してみます。

図1－9　IKIGAIベン図＝「稼げるライフワーク」

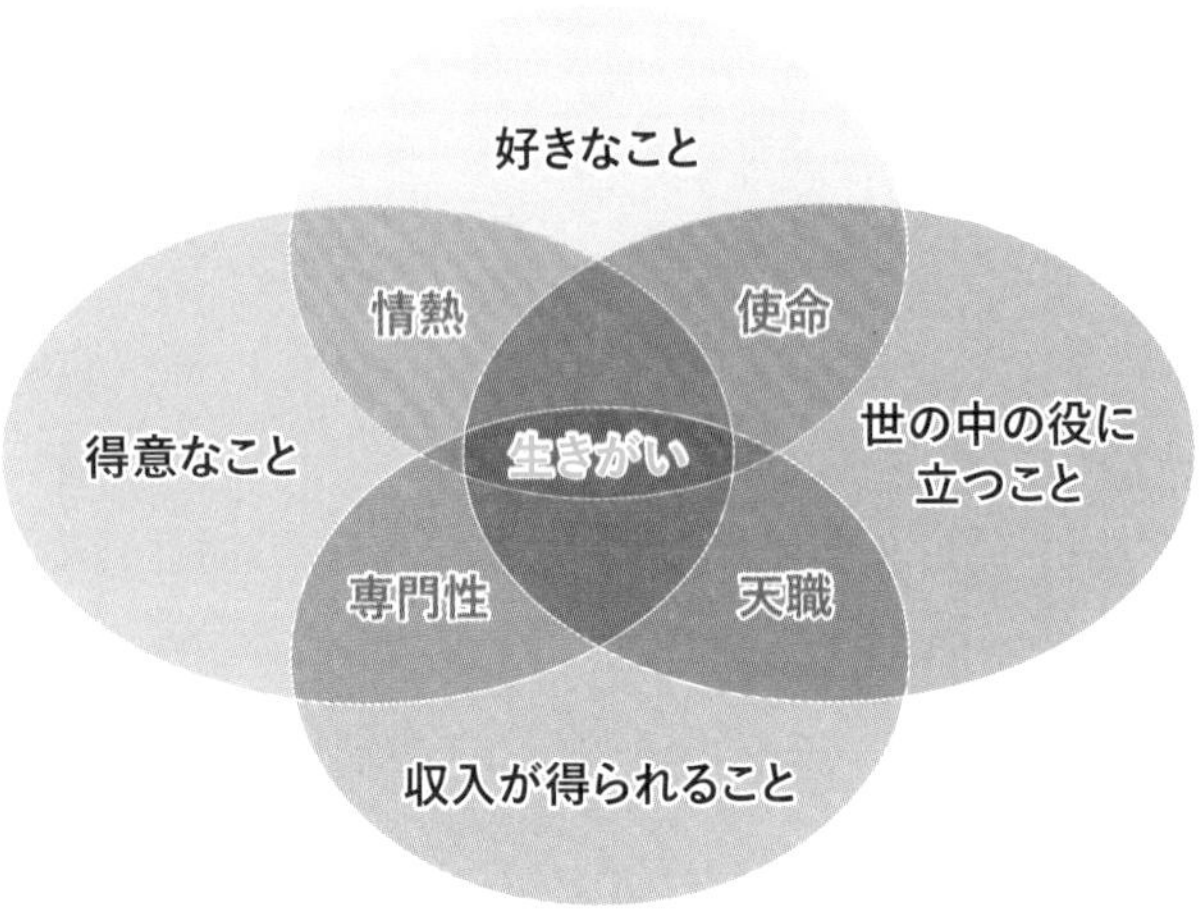

自分のことだけでなく、家庭のある方は配偶者（パートナー）や子ども、両親のことなど家族のライフイベントを思い出し、その時々の「人生満足度」を数値にして「見える化」します。

この時に、できれば会社員としてのキャリアで1つ、得意と言える「専門性」と、会社に入る前の学生時代や小さい頃に「好きだったこと」を挙げてみてほしいのです。

定年後のビジネスに結びつくかどうか等は一切考える必要はなく、むしろ白紙の状態で思い浮かべると発想が広がります。「3つの専門性」の組み合わせにより、オンリーワンの存在になることをお話ししましたが、その組み合わせのヒントとして「人生とキャリアの棚卸し」はとても有効なのです。

その上で、**図1－9の「IKIGAIベン図」**を使って、自分が生きている限り追求したいIKIGAI（生きがい）を見つけていきます。

次の4つが重なる部分がIKIGAIです。

◆**好きなこと**
◆**得意なこと**
◆**世の中の役に立つこと**
◆**収入が得られること**

この図は日本人が考案したものと言われていますが、ヨーロッパの知識層の間で広まり、アメリカでも反響を引き起こしたそうです。

それが日本に逆輸入されて、私は前野隆司教授と星渉氏との共著**『99・9%は幸せの素人』**（KADOKAWA）という本に紹介されていたのを読んで知りました。

「好きなこと」と「得意なこと」が重なるのが「情熱」、「得意なこと」と「収入が得られること」が重なるのが「専門性」、「収入が得られること」と「世の中の役に立つこと」が重なるのが「天職」、そして「世の中の役に立つこと」と「好きなこと」が重なるのが「使命」。

まさにその通りだし、4つとも重なるのが「生きがい」です。

「IKIGAI」というローマ字表記になっているベン図が欧米で広まっているそうです。

「人生とキャリアの棚卸し」で「好きなこと」「得意なこと」を明確にし、さらに仕事を続ける中で「収入が得られること」を試行錯誤していく。

「収入を得る」には、「世の中の役に立つこと」が必須なので、定年ひとり起業をする過程で、この2つを様々試しながら見つけていけばいいのです。

おそらく、定年再雇用など雇われる働き方よりも、定年ひとり起業をして「雇われない働き方」になった方が見つけやすいと思います。だから長く働き続けるためのライフワークは、この「IKIGAI」を見出す中で発見していくのです。

戦略的に準備すべき「4つのスキル」

働く期間を3つに分ける「トリプルキャリア」という生涯現役の働き方を実現するために行う戦略的な準備として、私は次の4つのスキルを挙げています。

1．時間術
2．コミュニケーション術
3．情報リテラシー
4．健康法

この中で「時間術」については、セカンドキャリアに移行すべき60代の「定年の壁」と、サードキャリアへ移行すべき70代の「体力・健康の壁」を予め予測して働き方を組み立て直すことが最も重要です。

人生の相転移という考え方で、働き方を変えて新しいチャレンジをしていくことで、体感時間を長くして充実した幸せな人生を目指します。

2番目のコミュニケーション術については、定年後は「サードプレイス」が最も大切です。第1の場所である家庭（自宅）、第2の場所である職場（会社）とは別の居心地のいい第3の場所がサードプレイスで、物理的な場所という意味だけではなく、自分が気持ちよく所属・活動するコミュニティーのことです。

会社員の場合は、人間関係のほとんどが会社関係になりがちで、私も34年間の会社員時代はまさにそうでした。

ただ、定年後は、この会社員時代の人間関係はほとんどが切れてしまいます。できれば会社に勤務している間に、会社とは別のコミュニティーを持っておくといいでしょう。

音楽やスポーツなど趣味のサークルでもいいし、地域の活動への参加でもいいと思います。

私の場合は、サードプレイスとして、神保町の古本屋街に立地する子どもの本専門店「ブックハウスカフェ」でビジネス書作家のイベントをプロデュースする活動を続けています。

また、出身地の国立市では「ひらくスペース」というカフェ＆コワーキングスペースを活用して、イベントを企画・参加する活動をしています。企画力やプロデュース力があれば、イベント等の開催でサードプレイスを作ることは誰でも可能です。

３番目の情報リテラシーについては、第2章で詳しく取り上げます。

実は、定年後のシニア世代が繋がりを広げていくツールとしてICT（Information and Communication Technology）スキルが極めて重要になってきました。

私が３つ目の専門性として「多彩な発信力」を組み合わせることにしたのも、ＩＣＴの技術革新によるところが大きいのです。

定年ひとり起業を成功させるポイントの１つがＩＣＴの活用で、これまで定年世代であるシニアはここが弱点になっていました。

ところが、技術の進化は、ＵＩ（User Interface）の面にも及んできて、操作性や使い勝手が格段に良くなってきました。

とくに5G通信の時代になると、動画の視聴に関するストレスがほぼゼロになりつつあり、これはとても大きな変化です。

動画の活用が、情報インプットおよびアウトプットの両面で今後のキーになって来るでしょう。

最後の4番目「健康法」については、本書の目玉として、第3章で詳しく取り上げます。

ビジネス書の多読を趣味にして40年になりますが、ビジネス書のジャンルは近年、ますます広がりを見せており、とりわけ「健康本」の占めるウエイトが高くなってきました。

いわゆる医学の専門書ではなく、誰でも身近な知識として健康に関係する医療情報を多くの読者が求めているのです。

私も健康長寿にはとりわけ関心が強く、様々な健康本を読破しています。

その代表格は団塊世代の教科書とも呼べる和田秀樹先生の著作です。

私は医師でもなく、健康管理の専門家でもないため、これまでの『定年ひとり起業』

シリーズでは、あえて詳しく健康については書いてきませんでした。

ただ今回の本は、「生き方（ライフスタイル）」をメインテーマとしていますので、そうした面から主にビジネス書ジャンルになる「健康本」の良書やその中身を私がどのように実践しているかを第3章で詳しく述べていきます。

副業解禁時代により可能性を広げる「シームレスひとり起業」

私が2021年3月に刊行したシリーズ1冊目の『定年ひとり起業』の読者から、会社員からフリーランスへのスムーズな移行が難しいという声をたくさんいただきました。

「思い切った決断」や「反対する家族の説得ができない」というのです。

その気持ちはよく分かります。

私もなかなか決断や家族への説得ができなかったために、57歳で独立する前に何度も挫折して転職に切り替えてきました。

しかし、私が独立してから7年以上が経った2023年現在、会社員を取り巻く環境は大きく変化して「**副業解禁の流れ**」が加速しています。

比較的保守的な銀行業界で、私が最初に勤務した古巣のみずほファイナンシャルグループも、週休3日で給与8割、週休4日で給与6割という「副業が可能な制度」を作りました。

もちろん会社によって副業に関する考え方は違うので、まだまだ副業はできない会社員の方もいるでしょうが、昨年4月に施行された改正・高年齢者雇用安定法（通称「70歳就業確保法」）では、定年再雇用だけではなく、定年時に退職して「業務委託契約」によってこれまでの仕事を続ける選択肢も可能になる道が開かれました。

私の予測では、多くの企業が定年世代の起業支援という形で「業務委託契約」への移行を選択肢に加えるのではないかと考えています。

社会保険料の負担がない、労働時間の管理も不要となる業務委託契約は会社にとってもメリットが大きいからです。

契約なので、成果に応じて契約条件を柔軟に見直すこともできます。

副業や業務委託契約への移行が可能になれば、定年ひとり起業の予行演習ができます。

いくつかの事業を試行錯誤で試してみて、「これなら稼いでいける」という感触をつかんだ仕事をメインにして、定年ひとり起業へ踏み出していけるのです。

こうした会社員からフリーランスへの移行を「シームレス」に実施していくことを提唱しているのが元銀行員で、「妻社長メソッド」を考案した坂下仁氏です。

その最新刊著書**『40代からは「稼ぎ口」を2つにしなさい 年収アップと自由が手に入る働き方』**（ダイヤモンド社）にて、40代からは会社員は出世を目指すより、将来の独立を目指して会社員としての収入の他に、副業としての「稼ぎ口」を見つけ、稼げるライフワークにする方がリスクの少ない人生になる、と説いています。

これを「稼ぎ口二刀流」として、会社員なら誰でもリスクなく目指せる時代だと提唱しているのです。

確かにフリーランスになって試行錯誤しながら、なかなか稼げない起業家は多いです。

私も思い切って独立したものの、当初の2年間は収入が安定せず、様々な試行錯誤を経験して苦労しました。

その苦労を、安定した給与収入がある会社員のうちにやってしまおうというのが「稼ぎ口二刀流」なのです。

坂下氏は試行錯誤でトライする副業を「**副業ごっこ**」と呼んでいて、何がうまくいくか分からないのだから気軽に試せばいいと述べています。

これなら精神的にもラクでしょう。

そうした中でも坂下氏が運営するコミュニティーのメンバーを見ていると、稼げる副業のジャンルとしては次の3つのビジネスに集約できると言います。

1. 物販ビジネス

2. 賃貸ビジネス（大家業等）

3．情報ビジネス

この中で、どのビジネスでスタートしても最終的には3番目の「情報ビジネス」にたどり着くと坂下氏は説明しています。

さらに副業初心者は、①お金を失わない、②単発で試せる、③簡単にできる、の3条件を守ることを挙げています。

また、ブログで奮闘記を綴ることも推奨していて、ブログは「人生の母艦」ともいえるストック型メディアとして情報発信の柱になるため、そこも共感できます。

さらに、稼げるライフワークではナンバーワンではなく「オンリーワン」を目指すこと、持ち駒を掛け算してオンリーワンになると表現していて、私の「3つの専門性」組み合わせと同じコンセプトです。

坂下氏がなぜ「稼ぎ口二刀流」を提唱することになったかについては、この後の「コラム」にてインタビューを掲載しましたので、ぜひ参考にしていただきたいと思います。「トリプルキャリア」の一番の肝になるセカンドキャリアへのスムーズな移行についても大きなヒントが得られるでしょう。

定年後は「準備が9割」

私が提唱している、働く期間を3つに分けるという人生設計トリプルキャリアを組み立てて「生涯現役の働き方」を実現するには、ファーストキャリアである会社員時代にいかに準備をしておくかがとても大切です。

会社員時代の準備いかんによって、65歳以降の人生が決まると言っても過言ではありません。 そういう意味で、「定年後は準備が9割」なのです。

しかしその準備はそんなに早くからする必要はありません。

会社員として長く働いて、まずは厚生年金をしっかり受給できる権利を確保しておきましょう。アメリカのクランボルツ教授が提唱する「プランド・ハップンスタンス理論」（計画された偶発性理論）の通り、成功しているキャリア開発も偶然の出会い等に左右されることが多いのが現実です。

常に問題意識を明確にしながら専門分野やその周辺知識を学び、与えられた仕事に全力で取り組むことが自ずと理想的なキャリアへと導かれることになるでしょう。

私がお薦めしているタイミングは50代です。

平井孝志教授の言う人生の「相転移」が訪れる時期で、平井教授によれば誰にでも人生の半ばに「相転移」のチャンスが来ると言います。

まさに50代ということでしょう。

なぜ、50代がいいかというと、次の３つの条件が揃うタイミングだからです。

1．会社員として30年前後の勤務となり厚生年金を確保できる

2．どんな業種の会社員でも1つまたは2つの専門性を獲得している

3．新たなチャレンジとして3つめの専門性に取り組む意欲・体力を備え、子どもの

教育にも目処がついている

会社員から独立起業して成功している人の中にはもう少し早い時期、例えば30代や40代にフリーランスになってセカンドキャリアへ移行する人もいます。

お金も才能もある人が早いタイミングで起業することは一向に構わないのですが、多くの会社員にとっては、子どもの教育費の負担があって、経済的にリスクを取れない、厚生年金の受給金額をもう少し確保しておきたい等の理由でなかなか起業に踏み出せないものです。

そうした起業のネックになる諸条件が少しずつクリアされてくるのが50代なのです。

また、50代から準備を始めても定年ひとり起業という働き方ならば、リスクを取らない形で十分に準備することができます。

50代から準備を始めて、定年前後のタイミングで定年ひとり起業という働き方にシフトするのが最も低リスクで、会社員としてしっかり働いてきた人であれば誰でも実現可能な「再現性のある方法」だと私は確信しています。

次章では、50代での準備における最大のキーになる情報発信と、それを実現するＩＣＴの活用について詳しく見ていくことにします。

第1章のポイント

◆ 働く期間を3つに分ける「トリプルキャリア」で生涯現役のライフスタイルが実現できる。そのために大切なのは、人生のゴールから逆算してバックキャスティングで考える「戦略的思考」が必要

◆ セカンドキャリアで最も低リスクで再現性のある方法は「定年ひとり起業5原則」－①50代または60代で起業、②ひとりで起業、③お金を使わない低リスク、④年金＋アルファの収入を目指す、⑤長く働くことを最優先にする、をベースとする「定年ひとり起業」である

◆ 年齢を重ねるごとに短くなる「体感時間」を延ばし、充実した日々を送る唯一の方法は、毎日新しいことにチャレンジする人生の「相転移」を行うこと

◆ 長く働き続けるには、3つの「専門性」を組み合わせて、100万人に1人というレベルの「オンリーワンの存在」になることがポイント

◆ サードキャリアのライフワークは、人生のミッションとして、IKIGAIベン図の通り、「好きなこと」「得意なこと」「収入が得られること」「世の中の役に立つこと」の4つが重なる「IKIGAI（生きがい）」を軸に考える

コラム１

「稼ぎ口二刀流」を編み出した副業の天才

坂《さか》下《した》仁《じん》〈50代後半〉

ビジネス書作家、お金のソムリエ協会会長

坂下氏は、メガバンク行員として25年以上、個人の資産形成と数千件の法人融資等に関わり、全国の支店長の相談役となって、各支店を指導。

副業で始めたセミナーは１００組超のキャンセル待ちが続き、３年間で１０００人超が受講する人気セミナーになる。２０１８年に独立して、お金のソムリエ協会を設立し、本業以上の副収入を得てセミリタイアする会員が続出している。

私が57歳で定年ひとり起業を実現できたのは、間違いなく、この人のおかげです。

２０１４年２月に出版された『いますぐ妻を社長にしなさい』（サンマーク出版）と翌年２０１５年６月に続編として刊行された『とにかく妻を社長にしなさい』（サン

マーク出版）の著者が坂下仁氏です。

3回の転職を経て、4社目の会社に単身赴任で勤務していた私は当時57歳になっていました。45歳、49歳、51歳になる直前の4月1日付で3回の転職をした時も妻と子ども2人の家族全員に反対されましたが、3月31日付退職、4月1日付入社という間を1日も空けない転職だったので、何とか家族を説得して会社を移りました。

ところが、57歳での退職、独立起業はそうはいきません。

起業した後の収入の保障は一切なかったので、家族3人ともがこれまで以上の「大反対」でした。

退職を心に決めて、独立起業する日を定めてから実際に実行するまでに半年くらいの期間があったので、あの手この手で家族の説得をしていました。

反対の最大の理由は「お金」です。

「収入がはっきりと見込めないなかで、この先どうやって暮らしていくのか」という、至極最もな理由です。私自身は、「根拠のない自信」はありましたが、貯金等の蓄えはほとんどなく、収入の目処も手ごたえもありませんでした。

「反対されるのも最もだ」と思いましたが、「好きなことを仕事にして、生涯現役で働くライフスタイル」に踏み出すワクワク感の方が大きかったのです。

毎日、晴れ晴れとした明るい表情をして、元気に振舞っていたので、家族も徐々に「言っても無駄だ、仕方ないかも」という雰囲気になってきました。

そこで最後のひと押しになったのが、のちに「妻社長シリーズ」と呼ばれ、大きな反響を起こした坂下仁氏の書いた２冊の本です。

この本に書かれていたことをそのまま実践してみようと考え、「妻が社長の合同会社を設立し、夫婦の共同事業として独立起業する」というプランを家族に提案しました。

妻が会社の代表なので、責任者は妻になります。

役割分担としては、営業や納品等の現場は私、経理等の管理部門は妻という形になります。実際に最初から顧問税理士を付けて、妻が請求書や領収書のチェックをしながらすべての会社取引を会計ソフトに入力することにしたので、お金の流れはすべて把握できます。

ちゃんと売り上げが上がっているのか、余計な経費支出やムダ遣いはないかを、妻はまず自分の目で見て入力し、それを顧問税理士が毎月チェックしてアドバイスをもらうという仕組みです。

私は個人事業主として会社の外注先という位置付けで活動します。

このスキームは、「妻社長シリーズ」2冊に詳しく書いてある通り、様々なメリットがあります。

「夫婦の共同事業」という言葉の響きが良く、しぶしぶではありましたが、妻の承諾を得て起業することができたのです。

ことあるごとに「あの時はうまく丸め込まれた」と愚痴を聞かされますが、形だけの代表ではなく、しっかりと管理部門の役割を担って仕事をしてもらう「共同事業」だったので、うまくいったのだと思います。

すべて「妻社長シリーズ」２冊から学んだおかげです。

この本はもともと「副業禁止規定」がある会社員が、妻を社長にした合同会社を立ち上げて、大家業（不動産賃貸業）等を合法的に行うスキームとして考え出されたものですが、私の場合は会社を辞めて起業するタイミングで活用したのです。設立したのは本でも推奨していた合同会社で、これもメリットがあってとても助かりました。

以上の経緯があったので、坂下氏は私の人生の大恩人であり、今は著者仲間としてお互いに切磋琢磨しながら、刺激を受け合いながら、執筆その他の活動をしています。

その後の坂下氏の活躍はめざましく、昨年は最新刊『40代からは「稼ぎ口」を2つにしなさい』（ダイヤモンド社）を出版し、「妻社長メソッド」をさらに進化させました。これまでの坂下氏のキャリア変遷や今後の人生プランを知りたくて昨年、インタビューをさせていただきました。

ここからは、インタビューで伺った坂下仁氏の起業ストーリーです。

――学校を卒業後の職歴と現在の活動を始めるまでの経緯を教えていただけますか？

大学時代の専門が法律だったので、法律家を目指していたのですが、国家試験に落ちたので民間企業へ行きました。

とくにやりたいことがなかったので、収入や福利厚生のいい銀行と商社を受けて銀行へ就職。

銀行でのキャリアの大半は法人融資業務です。30代で管理職となり順風満帆かと思いきや、ライブドアショックをきっかけに株の信用取引の借金が膨らんで破産寸前に陥りました。

もうやるしかない状況に追い込まれて、「副業禁止規定」に反しない副業法である「妻社長メソッドによる大家業」を発見して実行しました。

40歳を少し過ぎた頃です。

この頃から出版にも興味があって出版社に企画案等を送っていたのですが、編集会議を通らずに出版は実現しませんでした。

――現在の仕事・活動に踏み出した経緯はどういうものでしたか？

銀行に勤務している中で、銀行の経営方針に疑問を感じ、上司に進言などもしたのですが、逆に返り討ちに合う出来事があり、銀行を内側から変えることは不可能で、外から消費者のマネーリテラシーを引き上げる選択肢しかないと気づいたのです。

その出来事がきっかけで、銀行内で私は冷や飯を食わされることがほぼ確定しましたので未練はなく、副業に力を入れることになりました。

副業の所得が本業の所得を上回る状態になって経済的な不安がなくなってきたので、独立を真剣に考え始めました。

『今すぐ妻を社長にしなさい』（サンマーク出版）の出版が決まり、そのタイミングに合わせてセミナーにチャレンジしました。

さらに、2作目・3作目のネタにすべく、データや資料の収集、副業の不動産賃貸ビジネスを拡大していきました。

——現在の仕事をする上で、自分の「武器」は何でしょうか？

極端な失敗体験と成功体験から導かれた「お金は数値化された感謝の気持ち」という信念が身体に染み込んでいることです。

この原理原則がすべてのメソッド（セミナー・教材・書籍）に貫かれているのでブレないビジネスを展開できていると思います。

また、「妻社長メソッド」を思いつくもとになった「ふせんノート術」のおかげで、潜在意識を使い倒してアイデアを量産し続ける術を習得したことも大きいです。

それと、若い時に将棋に熱中したり、法律を学んだりしたことで、論理的な思考ができるようになったこともあります。それに加えて、年間100〜200冊のビジネス書を熟読したり、高額セミナーを毎年何本も受講したり、複数の専門家のコミュニティーに所属したりして、幅広い分野で学びと成長の速度を落とさないようにしています。

専門性の組み合わせという点では、①銀行業の特性を熟知、②私のメソッドを学んだ6000人の成功事例・失敗事例に裏打ちされた「稼ぎ口二刀流」の構築、③不動産投資の膨大なノウハウ、④世界のお金の裏側の仕組みを解明の4つです。

独立したおかげで、顧客を踏み台にするような理不尽な仕事から完全に解放されたことがメリットです。

「お金の貯め方・増やし方」について、本当のことを話せるようになりました。

収入も数倍に膨らむ一方で、上手に節税することもできたので、税金が減りました。

組織に属さなくなったので、面倒くさい人間関係からも解放されました。

セミナー、コンテンツ制作や執筆等の創作活動に専念し、どこにいても仕事ができるようになったので、思い切ってハワイに別宅を購入し、年3回ほどハワイに長期滞在して、ハワイで創作活動を続けるというライフスタイルを試すことができるようになりました。

感染症拡大の影響で海外にはなかなか行けなくなりましたが、夫婦ともに旅行が好きなので、海外旅行や国内温泉旅行を、趣味と実益を兼ねて行っています。


——困ったことや今後の活動における不安はありませんか？


一番困ったことはコロナの影響です。

私たちのセミナーは座学ではなく、リアル会場で実践的に体験していただく方式のセミナーでしたので、リアル会場での開催ができなくなったのは最大の痛手でした。

また、私が主催している「お金のソムリエ倶楽部」というコミュニティーは、リアル会場での情報交換・交流が最大の特徴だったのですが、それができなくなったのも痛手です。

今後の活動における不安ですが、コロナ禍の3年間が最悪だったことを考えると、それより酷いことはないような気がしますので、とくにありません。

——これだけは成し遂げたい「人生のミッション」と坂下さんが影響を受けた人や書籍を教えてください。

私が構築した「稼ぎ口二刀流」を1人でも多くの日本人に知ってもらうことが、私の目標であり、ライフワークです。

そして、プライベートでは、身体が動く限り夫婦一緒に旅し続けることを妻と約束しています。したがって、人生の最期の日までずっと、世界中や日本中を歩き回って見聞を広めて学びながら、執筆等の創作活動を続けると思います。

——最後に、読者へ伝えたいメッセージを

お金のソムリエ協会が開催するセミナー受講生の年齢層に変化が現れています。50代の受講者が急増し、55歳役職定年や60歳定年を目前に控えて、第2の仕事を模索している方々です。

定年後にいきなりぶっつけ本番で起業するよりも、準備を兼ねて現役時代からリハーサルを積んだ方が安心・安全です。

多くの人が言うように、何をするにも結局、最後は「行動すること」に尽きます。どんなに綿密な計画を立てても予定通りには進まないもので、それなら早く試してみて軌道修正する方がいい。

この本を読まれた今こそが、行動に移すベストタイミングだと思ってください。

【坂下仁氏が影響を受けた人】

・ジェームズ・スキナー
・前田 出
・レノン・リー
・藤井 厳喜
・馬渕 睦夫

【坂下仁氏が影響を受けた書籍】

『ものぐさ精神分析』（岸田秀・中公文庫）
『共同幻想論』（吉本隆明・角川ソフィア文庫）
『占領軍の検閲と戦後日本 閉ざされた言語空間』（江藤淳・文春文庫）
『自分の小さな「箱」から脱出する方法』
（アービンジャー・インスティチュート他・大和書房）
『7つの習慣』（スティーブン・R・コヴィー・キングベアー出版）
『はじめの一歩を踏み出そう―成功する人たちの起業術』
（マイケル・E・ガーバー・世界文化社）
『働き方2.0vs4.0 不条理な会社人生から自由になれる』（橘玲・PHP研究所）
『会社に使われる人 会社を使う人』（楠木新・KADOKAWA）
『GIVE&TAKE「与える人」こそ成功する時代』
（アダム・グラント・三笠書房）

第2章

幸せな定年後に必須の「ICT活用」

檜山敦教授が説く「超高齢社会2・0」

一橋大学ソーシャル・データサイエンス教育研究推進センターの檜山敦教授（東京大学先端科学研究センター特任教授）が6年前の2017年7月に出版した『超高齢社会2・0』（平凡社新書）という本があります。

加速する少子高齢化によって、いずれ日本は人口が逆ピラミッド構造になることが確実という背景において、今後シニアの労働が不可欠だと述べている内容です。

若者がシニアを支えるのではなく、ピラミッドを逆さまにしてシニアが若者を支えるような社会を作るために、ＩＣＴが生み出す高齢者の新しい労働スタイル「モザイク型就労」と「高齢者クラウド」の実現を研究・提唱しています。

ＩＣＴというのは、Information and Communication Technology の略で「情報通信技術」と訳します。

シニアの弱点として、ＩＴリテラシーやネットリテラシーが低い、あるいはスマホ

（スマートフォン）が使いこなせない、デジタル化に乗り遅れているという指摘や批判がよくなされます。

要するに、テクノロジーの進化、技術革新の動向に疎くて最新のデジタル技術を使うことができないということです。

様々な表現や用語がある中で、シニアに求められるスキルとして、最も的確な表現がＩＣＴではないかと私は考えています。

情報社会の中で、今や５Ｇ通信の技術によって瞬時に大量のデジタルデータ処理ができる時代になりました。

情報社会の現代では、通信技術の活用も含めたコミュニケーション力がポイントであり、働き続けるシニアに求められる最重要の「**リスキリング**」はＩＣＴ活用だと私は思うのです。

檜山教授が説く「モザイク型就労」とは、ＩＣＴの活用によって、好きな時間に好きな場所でシニアがワークシェアリングするイメージの働き方です。

いつ、どこで、どんなスキルの労働が求められているのかをどこからでもリアルタ

図2－1　檜山敦教授の「超高齢社会2.0」

● 日本の人口ピラミッドを逆転させる
　⇒ 高齢者が現役世代を支える社会に

● 高齢者クラウド
　⇒ クラウド・コンピューティング＋群衆
　⇒ 高齢者の経験・知識・技能を社会の推進力にする情報通信技術
　⇒ ICT（Information & Commumication Technology）

● ICTに関心の高い「スマートシニア」のコミュニティー
　⇒ ウェブ2.0（ソーシャルメディア）に倣って「超高齢社会2.0」
　⇒ 高齢者の「モザイク型就労」にICTは不可欠

（出典）『超高齢社会2.0』（檜山敦著・平凡社新書）

イムに把握でき、そのニーズにタイムリーに応えて就労するという、新しい働き方の形態です。

私がサードキャリアのコンセプトとして提示した「働く時間や場所は、体力面・健康面の制約によって絞り込む」という働き方を、ＩＣＴによる「労働の需要と供給のマッチング」によって実現しようという試みです。

こうした環境が整備され、シニアがＩＣＴを活用できるようになれば、1日2時間だけ働くとか、週に2日だけ自宅近くで働く（週休5日）といった就労形態も可能になります。

シニアがＩＣＴ活用によって大きな労働

力となり、ピラミッドを逆さまにして働く高齢者が若者を支える社会を、檜山教授は「超高齢社会2・0」と呼んでいるのです。

もう1つ「高齢者クラウド」というコンセプトもこの本における特徴的な提言です。

檜山教授の専門は「ヒューマンインターフェース」で、要するにシニアがいかにICTを使いこなせるかということ。

つまり、どこにいても繋がっていられる「クラウド」というコンセプトをシニアがいかに理解し、実際にツールを使いこなして繋がれるかということです。

現在70代の団塊世代はオフィスにPC（パソコン）が普及した頃、すでに管理職の立場だったので、PC作業は主に部下の仕事でした。

自ら手を動かすことがなかったのです。

そのため、ICTを自在に活用できる70代はそれほど多くありません。

しかしながら、間もなく高齢者の仲間入りをするという団塊世代より10年若い世代60代（私がまさにこの世代）は、パソコンがオフィスに導入された時に、まだ管理職になっておらず、自らPC作業をしていた世代です。

実はこれからの高齢者は、ICTを自在に活用することが比較的抵抗なくできるでしょう。この本が出た7年前の高齢者では難しかったことが、これからの時代は可能になり、「高齢者クラウド」の実現が飛躍的に進むと私は見ています。

実際に、5G通信の普及に伴って、動画再生のストレスがなくなったことから、スマホでYouTube動画を視聴する高齢者が急増していると言われています。

広告業界にも地殻変動が起こっていて、断トツの料金と効果を誇っていたテレビCMが急減し、年々、YouTube動画をはじめとするネット広告にシフトしています。

近い将来、サイバーエージェントが電通に代わって広告業界のトップに君臨する時代が到来するかも知れません。

定年を間近に控えた50代会社員向けのキャリアデザイン研修で、学び直し（リカレントやリスキリング）を強調する講師は多いのですが、何をどう学ぶのか、どんなスキルを磨くのかを具体的に提示している研修は多くありません。

本業に関連する周辺の資格取得を奨励するか、グローバル時代に必須の英語力を磨くことを挙げるというようなセミナーが多いように思います。私は、何をおいても最重要のリスキリングはＩＣＴ活用だと断言します。では、この後具体例を見ていきましょう。

近藤昇氏が説く「シニアライフファースト社会」

元気に活躍を続けるアクティブシニアがＩＣＴで繋がり、アジアや日本でこれまで培った経験や知見を活かして働き、貢献し続ける人生１００年時代の「シニアライフファースト社会」の実現を目指して活動しているのが、ブレインワークス株式会社・代表取締役の近藤昇氏です。

近藤氏はもともと不動産業界にいましたが、ＩＴ企業2社を経て1993年に独立起業、一級建築士と特種情報処理技術者という2つの資格を持つ経営者として、ユニークな事業展開をしています。

アジアとシステムに強いという特徴を活かして、様々な人脈を駆使してアクティブシニアの活動を支援し、情報発信やネットワーク化を推進しています。

私が近藤氏を知ったのは、著書『もし波平が77歳だったら？』および『もし波平が85歳になったら？』（いずれもカナリアコミュニケーションズ）の2冊を読んだことがきっかけです。

私が本を読んでとくに感銘を受けたのが、アジアをはじめ様々な分野で活躍を続ける「アクティブシニアの方々の活動」の実例紹介と、「貢献寿命」というコンセプトです。

皆さんは、生活上の補助を必要とせず、自力で日常生活を送れる寿命である「健康寿命」という言葉は聞いたことがあると思います。

男性は72歳、女性は75歳が現在の日本人の健康寿命で、平均寿命との差が男性で9

年、女性で12年となり、この期間は介護など日常生活に何らかのサポートを必要としながら生きている期間になります。

それに対して、「貢献寿命」というのは、「社会とつながり、役割を持ち、誰かの役に立つ、感謝されるといった関わりを持ち続けられる人生期間」と定義されています。要するに、現役として働いて稼ぎ続けているか、あるいは収入はないまでも何らかの活動で社会に貢献し続けている期間です。

広い意味での「生涯現役」で、私がサードキャリアとして死ぬまで活動することを目指しているのと同じコンセプトです。

実は、アドラー心理学でも「生涯貢献」という生き方を提唱しています。

近藤氏の手掛ける事業がユニークなのは、こうした様々な分野で活躍するアクティブシニアの情報発信を支援し、その情報プラットフォームを通じてアクティブシニア同士がつながっていけるネットワーク化を推進している点です。

建築物を設計してきた一級建築士としての企画・設計力と、多くのシステム構築にかかわってきた特殊情報処理技術者としてのシステム構築力が合わさって、ユニークなアイデアを次々に生み出しています。

ベトナムを中心とする東南アジアと日本の地方とをつなぐ取り組みや、動画を活用したインターネットでアクティブシニアの交流を促進する取り組み等、今後大きく伸びていくと私は予測しています。


漫画「サザエさん」が世に出された戦後間もない頃、日本人男性の平均寿命は50歳、定年は55歳でした。

波平さんの年齢は54歳の設定で、当時の平均寿命をこえ、翌年には定年で隠居生活に入る直前です。

そもそも「敬老の日」は、1947年に兵庫県多可郡野間谷村（現・多可町）で始まり、55歳以上の長寿を祝う「としよりの日」が全国に広まったものです。

それから75年の時を経た現代に置き換えると、波平さんは77歳（つまり78歳定年）ではないか、いや、85歳（86歳定年）でもおかしくない、という主旨で書かれたのが、近藤氏の**『もし波平が77歳だったら？』**、**『もし波平が85歳になったら？』（いずれも**

カナリアコミュニケーションズ）という２冊の本です。

牧《まき》 壮《たけし》氏が提唱する「シニア成人」

これまで紹介してきた檜山敦教授の『超高齢社会２・０』と近藤昇氏の『もし波平が85歳になったら？』に共通で紹介されている人物がいます。それが牧 壮氏です。

旭化成に勤務して、定年後に牧アイティ研究所を立ち上げて、マレーシアのペナンにリゾートオフィスを開設。シニア向けのパソコン教室とインターネット交流に従事し、現在１０００名をこえるシニアのネットワーク交流を構築しています。

牧氏の持論は、「すべてのシニアをインターネットで繋ぐ」ことで、ＩｏＳ（Internet of Seniors）を普及する活動を続け、２０２１年にはデジタル庁から「デジタル社会推進賞・デジタル大臣銀賞」を受賞、2021年5月にデジタル庁より「デジタル推進委員アンバサダー」（受任者は日本で3名のみ）に任命されています。

牧氏は86歳になった現在もその活動は衰えを知らず、85歳は「シニア成人」であると提唱して、ますます活発にアクティブシニアの交流に注力しています。

シニア成人というのは、高齢者の国際的な定義である65歳を「高齢者としての誕生日」とすると、成人式を迎える20年後の85歳の誕生日はまさにシニア成人であり、これで高齢者としては一人前であるというコンセプトです。

人生100年時代、85歳はまだ成人式のタイミングなので、これからが人生の本番だという意気込みで、とても勇気をもらえます。

波平さんが85歳になったとすれば、翌年の86歳には定年退職して隠居生活に入るわけですが、牧氏の活躍ぶりを見ていると、とても隠居するとは思えません。いずれ、『もし波平が99歳になったら』という第3弾の本が出版されるかも知れません。

本章の最後のコラムに、牧 壮氏へのインタビューを掲載していますので、活動の詳細や熱い思いについてはぜひそちらをご覧ください。

大杉潤のリスキリング「ICT活用」

定年世代となったシニアの学び直しとして、リカレントやリスキリングが注目を浴びています。

私は定年ひとり起業を目指す中高年会社員の皆さんに、「昔取った杵柄《きねづか》では飯は食えない」と申し上げていて、杵柄は現在の世の中のニーズに合わせて常にブラッシュアップが必要だとアドバイスしてきました。

リカレントは自分の専門をさらに学術的に高める目的で大学や大学院に入り直して勉強したり、広く一般教養を身につけたり、資格取得を目指したりというイメージで捉えられることが多いでしょう。

一方、リスキリングというのは、学術的というよりは実務に近いノウハウを習得するという意味合いで使われることが多い気がします。

コロナ禍で加速してきたＤＸ（デジタル・トランスフォーメーション）、ＡＩやプログラミングに関する知識等が代表的な内容です。リカレントは学術的・体系的な学び、リスキリングは実践的・具体的なスキルの学びというのが私の捉え方です。どちらの学びも重要で決して無駄になる「学び」ではないというのが私の基本的な考え方ですが、前者はお金も時間もかかるので万人が目指せるものではないと思っています。そういう意味も含めて、私は「定年ひとり起業」でセカンドキャリアへの移行をめざすのであれば、リスキリングをお薦めします。

内容はズバリ、ＩＣＴ活用です。

では、ここから私 大杉潤が50代からやってきたリスキリング「ＩＣＴ活用」を具体的に紹介していきます。最初に全体像を示しておきますが、時系列に並べれば、以下の５つになります。

◆ 51歳：Twitter の開始（拡散力・検索力・リアルタイム性）

◆ 55歳：ブログ開設（ストック型メディアで「人生の母艦」）

◆55歳：Facebookの開始（フリーランスとして情報発信）

◆62歳：YouTubeチャンネル開設（動画による情報発信）

◆ネット証券での老後資金作り

◆「複利」と「習慣」のパワー

私が定年ひとり起業をする前に、起業のきっかけとして、Twitterやブログを開始したことは、『定年ひとり起業』（自由国民社）の第4章「全公開！大杉潤「定年ひとり起業」への道」で概要を紹介しました。私が独立起業に踏み出せた大きなきっかけとなったことは間違いありません。

本書では、その時の体験をより具体的に、詳細に書いていきたいと思います。

さらに、10年という時間軸でそれがどう進化してきているか、私のビジネス戦略にまで踏み込んでお話ししていきます。

ビジネスの入口となる「Twitterの検索力」

私がTwitterアカウントを開設したのは、２００９年12月24日クリスマスイブの日です。

この日に渋谷のアップルストアに行って初めてｉPhoneを買ってすぐにTwitterアカウントを開設してつぶやき始めました。

実はこの日はソフトバンクグループの孫正義社長がTwitterを開始した日でもあります。

孫さんがTwitterを通してスマートフォンの拡販をすべく、積極的に発信し、「Twitter上で質問に答えたり、翌年放映されたＮＨＫ大河ドラマ「龍馬伝」について感想をつぶやいたりするのが人気になっていました。

私は毎日つぶやける大好きなテーマということで「ハワイ情報」を発信することに

決め、朝一番でハワイ情報を「Twitter」でつぶやくのが日課となりました。当時はまだ会社員でしたので、ニックネームでアカウントを開ける「Twitter」はとても便利で使い勝手が良かったのです。

大杉 潤
3万 件のツイート
フォロー中
大杉 潤
@alohakcc フォローされています
米国のセドナとハワイを愛するスピリチュアルな経営者。定年後の不安を「自分が主役の人生」に変える専門家。
I am a business person who is interested in the spiritual method. I love Hawaii and Sedona,Arizona,USA.
東京２３区、ハワイ
jun-ohsugi.com
2009年12月からTwitterを利用しています

ハワイ情報以外でも、新年の箱根駅伝で母校の早稲田を応援する実況中継ツイートをしたり、ＪＡＬの経営破綻が予測される中で、「株は売却、マイレージは保持」という再生型法的整理を予測したツイートが当たり、多くの感謝の声とフォロワーを獲得することになりました。

もともと「Twitter」に興味を持ったのは勝間和代氏の本を読んだのがきっかけで、フォロワーがどんどん増えて多くの人たちとつながれる可能性や、リアルタイムで情報が伝わっていく「拡散力」に私も注目しました。

私のフォロワーもどんどん増えていって、一度びっくりしたのは、広島のお好み焼き屋さんで、お好み焼きの写真をアップして、「ここのお好み焼きは絶品！」とお店の宣伝ツイートをしたら、私の Twitter のつぶやきを見た旅行者が、まだ私たちがお好み焼きを食べている最中に店にやってきて、「今、Twitter の投稿を見て美味しそうだったから来た」と話した時です。

お好み焼きを焼いてくれたお店の人も、一緒にお好み焼きを食べていた先輩も腰が抜けるくらいに驚きました。カウンターの横に座っていた先輩は、実際に椅子から転げ落ちたのです。

まだ、Twitter をやっている人が少なく、マニアックな人が面白半分にツイートを見て行動するような時代だったのです。

こうした体験もあって、私は Twitter での情報発信がますます楽しくなり、13年経った今も、毎日、ハワイ情報をつぶやいています。

フォロワーはピーク時30万人までいきましたが、その後Twitter社でアカウント整理等があり、現在は25万人。起業する直前からは、ブログ記事もTwitterに投稿するようになり、これが今ではビジネスの入口として機能しています。

出版関係者をはじめ、各種メディア関係者はTwitterで検索して情報を取ることが多くなっています。

私は毎日、ブログ記事に書評を書いて、そのリンクを毎朝、Twitterに投稿しているので、ビジネス書の出版社や著者から次々にコンタクトが来るようになりました。

ブログには必ず、正式な書籍タイトル、著者名および出版社名を入れるようにしているため、検索した時にブログの書評記事がヒットするようになっているのです。

このTwitterの「検索力」は思った以上にすごい破壊力があります。

ただ、最重要のポイントは、「毎日発信すること」と「継続すること」です。

私はアカウント開設以来13年以上、毎日Twitter発信を継続していて、２０２２年12月31日現在で、４７５６日連続ツイートとなっています。

ハワイ情報は今のところビジネスになっていませんが、サードキャリアでハワイにロングステイの拠点を構えることができれば、その時に大きく花開くのではないかと期待しています。

ハワイの情報は主に、『アロハストリート』というワイキキのフリーペーパーのＷＥＢ版記事で興味のあるものを選んで、リンクを貼って紹介しています。

このフリーペーパーは空港、ワイキキのカラカウア通りやショッピングセンター等に置かれていて、日本人向け現地フリーペーパーの中で私が最も気に入っていたものです。

日本の欧文印刷という印刷会社が発行していましたが、新型コロナ感染症で観光客が激減したため、今はＷＥＢ版だけになっているようです。

Twitterに関してもう1つ、意外と知られていない機能を紹介します。

Twilogというサイトがあって、Twitterのすべての投稿を無料でブログ形式に整理・変換して保存してくれるサービスがあります。

私の13年間に及ぶ３万件以上の全ツイートが日付順に保存されています。

もともとTwitter等のＳＮＳはフロー型メディアで、タイムラインがどんどん流れて消えてしまうものですが、Twilogのサービスを使うとストックとして保存できるのでお勧めです。

私が登録した当時は、「フォロワーが２０００人に到達するまでに登録する」というルールがありましたが、今はその制約もなくなっています。無料で、累計３万２０００件のツイートがブログ形式で保存されるサービスを受けられるものです。

自分の発信に責任を持つ方にはログと

して残せるのでメリットが大きいです。

ただし、誰からも全ツイートが見えてしまうデメリットもあります。Twitterはイーロン・マスクが買収して、様々な改革も計画されているようなので、今後もそのサービスを注視して活用していきたいと思っています。

ストック型メディアのブログは「人生の母艦」

私が定年ひとり起業をして8年目に入った現在までビジネスを拡大し続けることができた最大の理由は、ブログによる情報発信を継続してきたことです。

プロのブロガーと言われる人たちの中には、ものすごいアクセス数をブログサイトに集めて、アフィリエイト収入（広告収入）だけで会社員の何倍もの収入を得ている達人もいます。

書評ブログ

『1日1テーマ 読むだけで身につく ホームページ集客大全100』

2022年12月6日

「ホームページ集客に、ホームページ制作の専門知識は必要ありません。私はＩＴオンチの方がホームページ集客しやすいと考えています。」と述べている本があります。

本日紹介するのは、中央大学商学部でマーケティングを専攻し、大手コンビニ本部に就職ののち、Web制作会社に転職して、Webデザイナーとして働き、2000年に現プリズムゲート株式会社を設立、中央省庁、中小企業のWebサイトを構築、現在はインターネット・ホーム

私にはそんなスキルはなくて、アクセス数もそれほど関心がないのでほとんどチェックしていません。

「記事内容と直接関係のあるリンク以外は一切ブログに掲載したくない」という私のポリシーだけで、たぶん何万円か何十万円か分かりませんが損をしていることになるでしょう。

それならばなぜ、ブログを毎日更新して9年間も続けてきたのかと言えば、次の3つの理由があるためです。

1. サイトを訪問した人がブログ記事のストックを見て、大杉潤がどんな人物なのかが分かるセルフ・ブランディングになる
2. 書評という形でブログ記事にアウトプットすることで、読んだビジネス書のエッセンスと活用法を記憶に留めて、いつでも引き出して活用することができる
3. ブログは記事が日付別・テーマ別に蓄積・保存されるストック型メディアなので、ライフログとして記録される（これを「人生の母艦」と呼んでいます）

私のビジネスにおいて、以上の3つの効果は絶大です。
例えばメディアからの出演オファー、講演や研修講師の依頼、ビジネス書の執筆依頼、経営コンサルティングや個人コーチングの申し込み等、ほとんどがTwitter検索を入口にしてブログをアップしている公式サイトにたどり着いて、ひと目で私の人となりや活動が分かるため、仕事を頂戴することができるのです。

こうした戦略を立ててブログとSNSの連動がスムーズにできるようになったのは、会社員から40代でプロブロガーとして起業した立花岳志氏のブログセミナー（ブログ・ブランディング塾）や個人コンサルティングを受けて、そのノウハウを自分なり

にアレンジし、試行錯誤を重ねてきたためです。

詳細は、立花岳志氏が昨年末に出版した『起業メンタル大全』（自由国民社）をお読みください。

この本は「大全」というタイトルにふさわしく、会社員が起業する時にぶつかる壁を乗り越えるためのあらゆる秘訣が書いてあります。

ビジネス書の良書を毎日読んで、コツコツとその要点や活用法を整理して紹介している私のブログ記事は、書評というより「要約版」と言った方がふさわしいかも知れません。

よく「大杉さん自身の感想や批評が入っていなくて個性がない」というコメントをいただくのですが、実はわざとそうしています。

なるべく中立・客観的にビジネス書1冊を紹介することに徹しています。こだわっているのは、「この本で著者が一番伝えたいことは何か」「出版社の編集者がこの本を世に送り出した真の狙いは何なのか」ということは決して外さないことです。

だからブログ記事を読んだ著者や編集者からは、「私が一番伝えたいことを汲み取って整理していただき感激しました！」とか「この本を企画した意図がしっかりと伝わってとても嬉しいです」といった喜びの感想をいただき、どんどん出版関係者とのつながりが広がっていきました。

さらに、私なりに読解した本のエッセンスと活用法を、実は自分自身の備忘録とする目的も持って、ブログに書評を書いているのです。

これが講演や研修では活きてきます。

わがファミリーカンパニーの研修事業は主として1日から3日くらいの企業研修ですが、事業戦略が最も多く、次にリーダーシップ、課題解決等の管理職向けの実践的な研修、さらにロジカルシンキング、ビジネスコミュニケーション、プレゼンテーション等のビジネススキルの研修という順番で続きます。

いずれのテーマでも私がこれまで読んで実践してきたビジネス書の良書が数多くあり、ブログに書評も掲載しているので、すぐに受講者に役立つ本が紹介できます。ただ本のタイトルを紹介するだけでなく、その中身のエッセンスやどこが実践的に役立つかも短時間で解説できるのが私が登壇する研修の特徴になります。

最近とくに増えているのが、50代社員向けのライフキャリア研修です。70歳定年制も視野に入れて、中高年社員の知見を会社としてフルに活用したいとの思いから、人事制度を見直したり、シニア社員の「キャリア自律」を促進したりする取り組みが多くの企業で始まっているのです。

そこでは、私の『定年ひとり起業』シリーズの他に、数々の「定年関連書籍」を紹介します。

私自身が試行錯誤しながら実践してきたことも多く、新しい本も次々と出版される中で、私はタイムリーに読んですぐにブログに書評をアップしているので、毎回、新しい話題の本をすぐに紹介できるのです。

これからもほぼ毎日、ブログを書き続けていくつもりですが、このアウトプットが持つ力は想像以上のものがあります。認知症を予防する最善の方法がアウトプットであるという研究もあるほどです。

アウトプットを前提としたインプットという、私の活動のメインとなっている「ビジネス書の多読」と「ブログ更新」の組み合わせは、96歳で亡くなる直前まで執筆活動を続けておられた尊敬する作家の外山滋比古先生が説いてきた「知的生活習慣」として最高の方法ではないか、と私は考えています。

中高年フリーランスのメインツール「Facebook」

ブログを開始したのとほぼ同時期に、Facebookアカウントを開設して、発信を始めました。

しかし、開始した当初は地方に単身赴任で勤務している会社員で、かつ副業を禁止している会社でもあったので公開での投稿はなく、起業を目指す仲間の「秘密のグループ」の中での投稿のみでした。

少しずつ、起業を目指す会社員や公務員の方々が集まるコミュニティーが広がり、先輩フリーランスが出始めるという環境の中で、少しずつFacebook友達が増えていく感じでした。


何を投稿したらいいのかも分からず、またFacebookのしきたりやルールみたいなものも会得できていなかったので、投稿数も少なく、身内の「発信ごっこ」のような感じです。

会社員を長くやっていると「自分をさらすのが怖い」という感覚が出てくるのです。

Facebookは実名・顔出しで発信するのが原則なので、Twitterやブログに比べると発信するハードルは高くなります。

ただその分、信頼性は高くて投稿内容に責任を持つ発信になってくるので、フリーランス同士がつながりやすくなるのが大きなメリットなのです。

2015年に起業して以降、私もFacebookによる発信を本格的に行うようになりました。

最初はTwitterに投稿しているハワイ情報、ブログの書評記事をシェアするところから始め、起業当初の試行錯誤の様子や、イベント情報等の発信を徐々に行うようになったのです。

同じように起業を目指してきた会社員や起業したばかりで苦労しているフリーランスの方々とつながれたのは、とても大きかったです。

今まで「会社」という看板の下で仕事をしてきて、毎月安定した給与収入を得てきた人にとって、フリーランスの立場は不安定だし、孤独で不安なのです。それは同時期に起業した人たちも皆同じで、そうした仲間と情報交換をしたり、応援し合ったりするのはとても勇気をもらえて力になりました。そうしたつながりを作れるのがFacebookを活用する最大のメリットです。

起業して8年目の今も、私の情報発信はFacebookがメインで、イベント告知やFacebookグループを立ち上げての交流等で活用しています。

私のFacebook友達の特徴は、ビジネス書の著者になっているフリーランスや会社員が多いこと。その他出版社の編集者、出版エージェント、書店関係者など出版に関係する人たちのネットワークがコアになっている点です。

毎日1冊、ビジネス書を読んでブログに書評記事をアップして、それをTwitterやFacebookに投稿することを継続しているので、自然とそうなりました。

私はFacebook友達としてつながった著者や出版関係者とは出版記念パーティー等のイベントで直接会うことも多く、志を同じくする友達の本は全力で応援します。

また私の本も応援してもらえるので本当にありがたいです。

そのつながりのメインツールがFacebookなのです。

また、ＬＩＮＥやＴｉｋＴｏｋが若者を中心としたＳＮＳであるのに対して、Facebookは中高年がメインのＳＮＳであることも、私の事業には合っていると思うのです。

これから競争の激しいＳＮＳはその勢力地図が変動するでしょうが、私は当面、Facebookによる発信で出版関係者のネットワークを構築していく戦略を続けていこうと思っています。

新型コロナが始まった年にYouTubeチャンネルにチャレンジ

２０１９年は研修事業が軌道に乗ってきたことによって、会社も創業以来、ずっと増収増益を続けて過去最高益となり、家計の収入としても会社員時代のピークをこえる数字になりました。この年は3年連続、３冊目の出版となった『銀行員転職マニュ

アル　大失業時代を生き残る銀行員の「3つの武器」を磨け』（きずな出版）も刊行されて、独立してから最も忙しい年となりました。

ところが、翌年の2020年1月以降、日本にも広がってきた新型コロナ感染症の影響がメイン事業である研修事業を直撃しました。

対面での研修は3月以降の4カ月間、すべてがキャンセルとなり、その間は研修事業の収入がゼロになるという予期しない事態になったのです。

実は4月上旬に決まっていたNHKへの2回目の出演も、収録日の前日に緊急事態宣言が出たことで、急遽キャンセルとなってしまいました。

この時ほど、フリーランスになってから「収入の複線化」をしてきて良かったと思ったことはありません。

わずか1社に絞っていましたが中小企業向け経営コンサルティングの仕事があり、毎月の収入は何とか途絶えずに済みました。

空いた時間で私が取り組んだのは、個人向けコーチングの仕事と、YouTubeチャ

ンネルの立ち上げです。

2020年2月に、ブログで書評を書いてきたビジネス書を動画でも紹介するというコンセプトで、「大杉潤のYouTubeビジネススクール」というチャンネルを開設し、毎日YouTube動画を配信するということを始めました。

2020年2月11日から7月11日まで5カ月間、毎日YouTube動画をアップし続け、150本の動画になったのです。

相変わらず、ブログも毎日更新してビジネス書の書評を公開していました。

研修登壇がまったくなくなったのでできたことですが、ブログとYouTubeの毎日公開はさすがにハードワークで、胃腸炎などで体調を崩してしまいました。

ただ、この5カ月間に様々な試行錯誤を重ねたことが、のちに大きく花開くことになったのです。

ひとつは、YouTube動画の収録を150本も続けたことで、パソコンの画面に向かって、分かりやすく、表情豊かに、感情を込めて話すというスキルが飛躍的に高まりました。

これが、7月下旬以降に開始したオンライン研修にとても役立ったのです。

提携しているメインの研修会社では、感染症対策としてすべての研修プログラムをオンライン対応できるように開発を進め、Zoomの使い方等、運営マニュアルの整備や必要な設備投資を行っていました。

研修会社の社長から、「大杉さんも本気で研修講師を続けたいなら今後はオンライン研修をメインにして投資をしていく必要がある」とアドバイスを受け、すぐにオン

ライン対応のための投資をしました。
Ｚｏｏｍの有料アカウント開設の他、ヘッドセットの整備、自宅Wi-Fi強化やバックアップのポケットWi-Fi導入等です。
さらに、オンライン研修では、パソコンが生命線で、通常、パワーポイントのスライド投影用のＰＣをメインに、横にもう1台ＰＣを並べて、受講者の反応や表情を見ながら2台のＰＣで研修を進めていきます。ＰＣトラブルがあった場合の緊急対応用として、さらにもう1台、3台目のパソコンも用意して待機させています。

私の場合、これを埼玉の自宅と伊豆の事務所の2箇所で可能にするため、ＰＣは最新式のものを計6台稼働させています。

ウイルスソフトもその分だけ必要だし、その他にiPhoneは2台持ち、YouTube動画の編集用とリアル会場での戦略研修用にiPadも備えています。

最初はＰＣ数台を持って埼玉と伊豆を往復していましたが、頻繁な移動で体力面、リスク管理上の問題があり、それぞれの拠点に3台ずつ揃える体制にしました。

前年の２０１９年に、伊豆に執筆の拠点として個人事務所を構えることになり、そこでYouTube動画の収録とビジネス書の執筆を行うことにしていたのです。

新たなチャレンジとして62歳で始めたYouTube動画による発信でしたが、オンライン研修の体制構築、スキルアップという大きな成果につながりました。

さらに、動画で伝えることができる情報量は、テキスト文字での発信と比べて格段に多く、私が話している表情や声等から人柄や講師としての適性を何となく感じていただけるようなのです。

YouTubeから、講演や研修の依頼が来ることも出始めました。

収録から編集、動画アップまでを完全にひとりで行っているシロウト感満載のYouTubeチャンネルなのですが、それでもブログや書籍では伝えきれないものを一瞬で伝えることができるのが動画のすごいところです。

これからの事業展開としては、動画配信のプラットフォームを構築している事業者とのアライアンス等で、よりクオリティの高い動画配信ができればと考えています。コンテンツは私が担当し、動画配信の仕組みは事業者が担当するという役割分担で組んでいければ、さらに大きな反響を得られるのではないかと思うのです。

もちろんそれをブログとも連動させ、Twitter等のSNSでも発信していければと計画しています。

老後資金作りのポイントも「ICT活用」

1年前に刊行した続編である『定年ひとり起業　マネー編』（自由国民社）で最も反響の大きかった箇所が「第3章　銀行がすすめる投資商品がダメな理由」でした。定年退職して退職金が振り込まれると、大半の退職者が日頃、取引のある銀行または証券会社の窓口に行って退職金の運用について相談します。

しかし、この行動自体がそもそも失敗のもとになります。

私は銀行員を長くやっていて、投資信託を売ったこともも買ったこともあるので、その内情がよく分かります。昔も今も大した違いはなく、銀行や証券会社の窓口でお客様に進めるのは「手数料の高い商品」なのです。

銀行の窓口担当者はほとんどの人が親切で人柄もよく、金融知識も豊富だし、数多くの退職者の資産運用相談に乗ってきた人たちでしょう。

でもそこで勧められた商品に退職金を投資して、うまくいった人を私はほとんど知りません。

私自身は保険会社など機関投資家に投資信託を売る仕事をしていましたが、アドバイスの仕方は個人向けとはまったく異なります。

豊富な運用資金を持っている機関投資家の場合は、「アセットアロケーション」といって、投資資金をどのように分散させてポートフォリオを構築するのかが最も大切なポイントでした。

そして、運用コスト（金融機関の手数料）には極めてシビアで、コストの安いインデックス投資信託をポートフォリオの中核として必ず組み入れていました。

手数料の低い商品が運用の中心なのです。手数料の高い商品にはまったく投資しないかというと、そんなことはありませんが、比率で言えばごくわずかなのです。

それに対して、個人向け退職金のセールスではどういう商品を勧めていて、その結果、運用成績がどうなっているのかということを私はよく知っています。

銀行にとって手数料収入の高い金融商品を最優先でお客様に勧めます。

その結果、運用パフォーマンスが良かった商品でさえも、高い手数料（運用コスト）で相殺されてしまい、ほとんど利益が出ません。

そもそも、うまく運用して出た利益のほとんどを手数料で頂戴するような商品設計になっているのです。

逆に、運用パフォーマンスが悪かった時はどうなるか。

高い手数料を差し引くとマイナス、つまり元本割れとなってしまう商品も珍しくありません。リスクのある運用商品ほど手数料が高いので、元本割れという結果は、実は頻繁に起こるのです。

銀行や証券会社はお客様の運用パフォーマンスが悪くなっても手数料を引き下げる等ということは絶対にしないので、決められた利益を確保します。

「リスクが高い商品」というのは要するに、銀行は一切のリスクを負うことなく、顧客だけにリスクを負わせて、自分たちは確実に高い手数料を得られる「美味しい商品」なのです。

退職金のようなまとまった金額の運用をする機会は普通の会社員なら一生に一度しかありません。

銀行の窓口で、担当者がどんな商品を勧めるかは誰でも分かりますよね。

おそらく、二度と運用の相談を受けることはないので、当然、銀行にとってメリットのある手数料の高い商品を勧めます。

組織として、そういう商品をお客様に勧める方針なのです。

営業目標もあるので、真面目な銀行員ほど組織の方針に則り、そのままお客様に「リスクの高い商品」を勧めることになるわけです。

銀行の窓口担当者は皆いい人ばかりですが、銀行のビジネスモデルが金利差では儲からなくなっていて、手数料収入に依存する形になっているため、これは必然的な結果なのです。

ではどうすればいいか？

退職金が振り込まれたら、金融機関の窓口には行かず、自分の頭で運用商品を考えて選択し、ネット証券で投資すればいいのです。インターネット取引であれば、人件費がかからないので手数料も安く、人間関係で悩むこともありません。そこで「ＩＣＴ活用」が必須になるのです。

昨年刊行した『定年ひとり　起業マネー編』（自由国民社）にも書きましたが、ネット証券では、ＳＢＩ証券と楽天証券が人気を二分していて、選択できる投資信託の品揃えも豊富なので、この2社が双璧です。

続いて人気なのがマネックス証券と松井証券でしょう。大手証券も危機感を感じて、インターネット取引口座に注力しています。

私はファミリーカンパニーと個人事業のメインバンクがりそな銀行ということもあって、地元の埼玉りそな銀行と大手の一角、ＳＭＢＣ日興証券のオンライントレードを活用していますが、２０２４年からは、つみたてＮＩＳＡが3倍の枠でスタートすることが決まったので、人気のネット証券のどこかで新たに口座開設をして新しい

「つみたてＮＩＳＡ」で投資をするつもりです。

これまでのつみたてＮＩＳＡは、年間の非課税枠が40万円と12で割り切れない金額のため、毎月３万３３３３円という半端な金額での積み立てを余儀なくされ、しかも毎年１円は枠を使い残すという方法でした。

しかし、今度は年間１２０万円の非課税枠なので、毎月10万円というキリのいい金額で積み立てられます。

何とか夫婦で毎月10万円ずつ「つみたてＮＩＳＡ」ができるように仕事を頑張っていきたいという目標や張り合いができました。

成長投資枠２４０万円（年間）をフルに活用すると、年間３６０万円となり、毎月30万円の投資が運用益非課税でできることになります。

今年はマネー関連の雑誌や書籍で、新しい「つみたてＮＩＳＡ」に関するテーマがどんどん出てくると思いますが、定年世代こそ、老後資金作りのために新たな「ＮＩＳＡ制度」をフル活用すべきです。

その際に、金融機関の窓口で投資相談をするのではなく、自分で情報収集・分析をして、自分の頭で考えて商品を選択し、オンラインで取引ができる「ICT活用」のリテラシーをぜひ身につけてください。

私は、そうしたシニア世代の情報交換・意見交換ができるコミュニティーを作ろうと計画しています。

Facebookページで「老後資金の作り方研究会」という秘密のグループを運営していて、現在350人ほど参加いただいて情報発信をさせていただいておりますが、今後はリアルなイベント開催も含めた本格的なコミュニティーを立ち上げたいと思っています。

老後資金だけでなく、働き方やデュアルライフ等ライフスタイル全般について、自由に情報交換や意見交換等、相互に薄く長く交流ができるコミュニティーを考えております。連絡先等の詳細は、今後公式WEBサイトにて発信していきますので、興味ある方はぜひ、チェックしてみて下さい。

「複利」と「習慣」の力

本章の締めくくりとして、「複利の力」について述べておきたいと思います。

これまで述べてきた「老後資金作り」のための積立投資でも、3つの異なる「専門性」を組み合わせて「オンリーワンのキャリア」を作っていく戦略でも、共通する「肝になるポイント」があり、それが「複利の力」です。

相対性理論を打ち立てた天才物理学者のアルバート・アインシュタインが「複利は人類最大の発明だ。知っている人は複利で稼ぎ、知らない人は利息を払う」という名言を残したのは有名ですが、それほど「複利」には大きなパワーがあります。

「複利」とはもともと資産運用で使われる概念ですが、運用で出た利息を投資元本に組み入れて、さらに運用するという手法です。

私が老後資金作りのために行っている「長期」「分散」「積立」で行う外貨建インデックス投信も定期的に出てくる株式の配当を元本に組み入れて複利運用する商品を推

奨しています。

つみたてＮＩＳＡ等で行う毎月一定金額を投資していくドルコスト平均法による積立投資の場合、配当を元本に組み入れるのに加えて、毎月の追加投資分も元本に加算されるため、投資金額が加速度的に拡大していきます。

とくに株式相場の暴落時には、ドルコスト平均法にて投資信託で多くの口数が購入できるため、株価が上昇に転じた時に資産が大きく膨らむことになります。

複利運用というのは、長期に継続すればするほど、その効果が加速度的に拡大していくという特徴があります。

実践したことのない人には信じられないくらい大きく増えます。

定年世代は大きなリスクを取れないので元本確保型の債券投資等を勧める専門家もいますが、私は反対です。ドルコスト平均法での長期積み立て投資なら株式をメインにした投資の方がパフォーマンスが高く、リスクも大きくないことを歴史が証明しているからです。

米国株をコアにした世界株式に投資して配当を元本に組み入れる複利運用型の投資信託商品に長期で投資するのが王道です。

また、「毎月配当型の投資信託には絶対に投資しない方がいい」と私はアドバイスしています。配当を受け取ってしまったら複利で運用ができないので、運用資産を増やす効率がガタ落ちになります。

ガタ落ちになるどころか、配当金額が不足すると元本を取り崩して配当することになり、元本割れになることも珍しくありません。

この「**複利の効果**」は、キャリア開発の面でも、実はまったく同じことが起こります。

例えば、新たに1つの「専門性」を身につけようと、3年から5年かけて集中的に自己啓発・自己投資を行ったとします。

最初は投入時間の割には成果が出なくて、なかなか効果を感じられないのです。

図2－2　**石原明氏の「成功曲線」**

目標はすべて「成功曲線」を描いて達成されていく

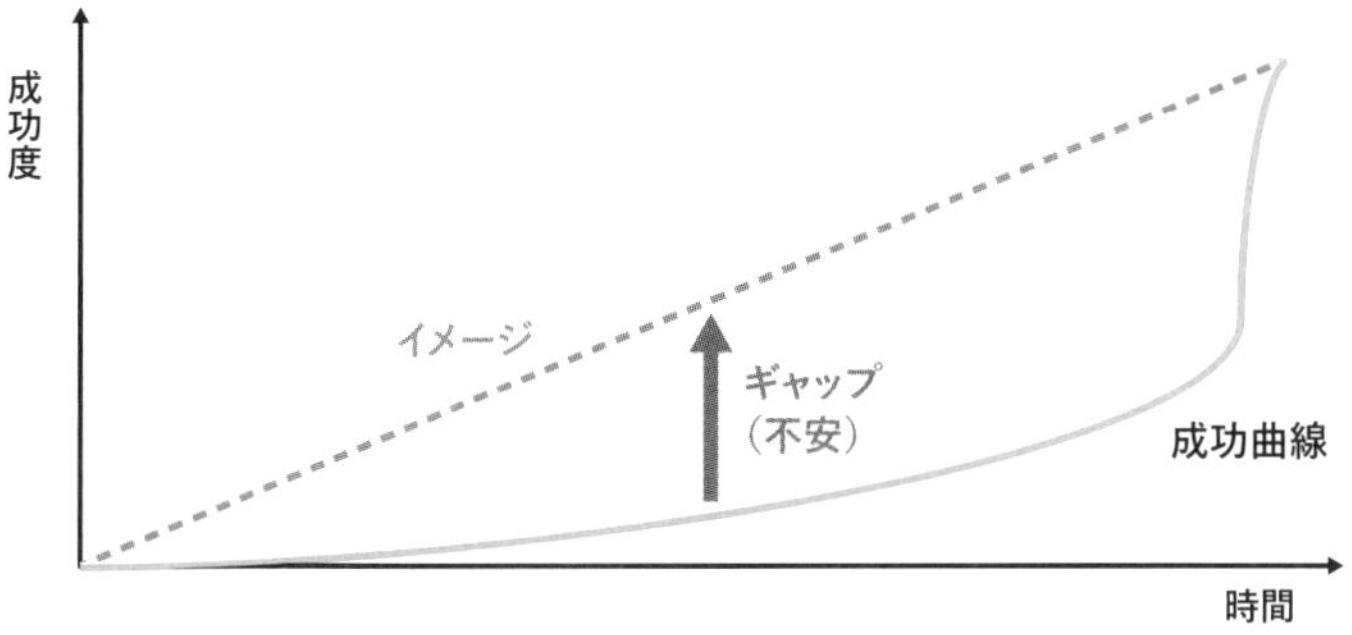

（出典）『「成功曲線」を描こう。夢をかなえる仕事のヒント』（石原明著・大和書房）より大杉作成

ビジネス英語の習得でも、宅地建物取引士の資格試験に向けた勉強でも最初は努力した時間の割にまったく効果を感じられません。

ところが、毎日コツコツと続けていくうちに、過去にやってきたことがどこかで結びついて理解が一気に深まったり、学習してきたことが蓄積してつながってきたりしてブレークスルーが起こるのです。

英語のリスニングでも「ある日突然、英語が聞こえるようになった」という体験をする人は多くいます。

自己啓発や自己投資も投入した時間に比例して効果が出るわけではなく、継続による蓄積がある臨界点をこえると、一気に成果が出るものなのです。

これを経営コンサルタントの石原明さんは「成功曲線」と呼んでいます。

目標は、すべて成功曲線を描いて達成していくということを名著『「成功曲線」を描こう。夢をかなえる仕事のヒント』（大和書房）の中で詳しく説明しています。

興味のある方はぜひ、読んでみてください。

石原氏の言う、この成功曲線こそが複利の効果なのです。

実際に「複利の力」にフォーカスして書かれた本で世界的なベストセラーになった本もあります。

ジェームズ・クリアー氏が書いた『ジェームズ・クリアー式 複利で伸びる1つの習慣』（パンローリング）です。

この本では、「毎日1％の改善を繰り返せば、1年で37倍になる」と説明して、日々1％ずつの小さな改善を続けていく習慣を提唱しています。

なかなか毎日の行動を変化させるのは難しいものですが、「行動変化の法則」として、次の4つを挙げています。

1．きっかけ（はっきりさせる）
2．欲求（魅力的にする）
3．反応（易しくする）
4．報酬（満足できるものにする）

要するに、①明確な目標を設定し、②それが実現した時の魅力的な姿をイメージして、③そのために日々取り組む小さなステップを設定、④毎日の行動を記録する等「見える化」の工夫をする、という４つの仕掛けを行うのです。

毎日の小さな習慣をコツコツと積み重ねていくのです。

「1年で37倍になる」と言っても、最初が小さければ十分な成長を感じられないかも知れません。

でも10年継続したらどうでしょうか？

複利の力とはまさに、小さな習慣を毎日継続していくことの力なのです。

私が座右の銘の１つにしている言葉に、世界最高のビジネスコーチと言われているアンソニー・ロビンズの次の名言があります。

〝Once you have mastered time, you will understand how true it is that most people overestimate what they can accomplish in a year, and underestimate what they can achieve in a decade.〟

「いったん時間を自分のものにしてしまえば、多くの人が1年でできることを過大評価していること、そして10年でできることを過小評価していることが分かるだろう。」

私はこの名言を「座右の銘」にしていて、人生のキャリアを作っていく際にいつも心に留めています。

私自身が40代半ばと50代半ばから取り組んだ「10年継続した習慣による複利の力」を2つ紹介します。

1つは、40代半ばで初めて転職をした時に、ビジネス英語力の無さに打ちのめされて、TOEICスコアをアップさせる自己啓発に取り組みました。

10年間の軌跡は次の通りです。

44歳：転職に向けTOEIC受験開始
（500点未満）
45歳：TOEIC 875点
54歳：TOEIC 955点

私がやったことは、毎朝10分間、TOEIC公式問題集に出てくるPart3（会話）とPart4（アナウンスメント）というリスニングパートの英文を付属CDに合わせてひたすら音読を繰り返すというトレーニングです。

同時通訳の神様と呼ばれている國弘正雄先生が提唱している「只管朗読《しかんろうどく》」（ただひたすら音読すること）を実践しました。

英語力アップに興味のある方はぜひ、『國弘流 英語の話しかた』（國弘正雄著・たちばな出版）または『國弘正雄の英語の学びかた』（國弘正雄著・たちばな出版）をお読みください。

只管朗読は英語力をつける王道の方法で、日本のトップ通訳者たちも国際会議の同時通訳ブースに入る直前に、会議テーマに関連する英文をひたすら音読しながら準備しています。

多くの通訳者が國弘正雄先生を手本にしていて、私は3社目に勤務した国際会議を運営する会社の現場で何度もトップ同時通訳者の人たちの様子を見てきました。

ＴＯＥＩＣを受験した経験があり、英語で仕事をしているレベルの英語力をお持ちの方ならお分かりだと思いますが、ＴＯＥＩＣ ８００点台と９５０点以上では「ビジネス英語力」という観点で、天と地ほど世界が違います。

正しい方法で真剣に取り組めば、ＴＯＥＩＣ ８００点は誰でも1年くらいで到達可能なレベルだと私は思いますが、９５０点はまったく次元が違うのです。

９５０点をこえるとＴＯＥＩＣ試験のリスニングパートはすべての英語が完璧に聞

こえる状態になりますし、Part7の膨大な英文を最後の問題までしっかりと読み終えて回答できる（ヤマ感でマークシート記入をする問題がない）というレベルになります。

音読を繰り返すと、もちろん英語が聞き取れるようになるのですが、同時に速読が無理なくできるようになるのです。

脳科学の研究でも、音読が五感をフルに使う方法なので、極めて優れたトレーニングであることが分かっています。

私が10年間取り組んできたもう1つは、55歳でスタートして今も継続している「ブログの更新」です。その軌跡は以下の通り。

55歳：WordPressにてブログを開設（ビジネス書の書評）
56歳：ブログ400記事をこえたが、とくに何も起こらず
64歳：9年半継続してブログ記事の書評が3000冊をこえる

ブログは２０２３年9月29日で丸10年継続となるので、この本の刊行日（２０２３年４月）時点では10年には後６カ月という進行途上ですが、それでも私のビジネスには多大な副次効果をもたらしました。

最大の財産は、他のコンサルタントや研修講師と差別化できる「セルフ・ブランディング」ができたことです。

例えば、コンサルティングのクライアント会社の経営者が戦略や経営判断に悩みや迷いがある時、役立つ実践的なビジネス書をその場で紹介できます。

企業研修の現場でも、受講者にとって研修テーマに役立つビジネス書をその場で何冊も推薦し、その要旨と実践法を簡潔に伝えられます。

書評としてブログにアウトプットしているので、読んだ本の中身を忘れることがなく、要点や実践活用法をスラスラと伝えることができるのです。

また、ブログで書評として取り上げた本の著者や出版社の編集者からは多くの反響をいただきます。

FacebookやTwitter等のSNSで繋がることも多く、そこからリアルのイベント等でお会いしたり、新しい本を献本いただいたりして、ビジネス書の著者や出版社との人脈が加速度的に広がっていきました。

そうした積み重ねが、自分自身も起業して以来、ほぼ1年に1冊のペースでビジネス書を6冊、商業出版できたことにつながっていきました。

ブログをスタートした55歳の時や、1年後の起業する前の段階ではまったく想像ができなかったことばかりです。1年でできることは大きくありませんが、10年の継続でできることを私たちは本当に過小評価してしまうものだと実感しています。

私が尊敬する作家で手本にしている外山滋比古先生が著書で紹介しているイギリスの諺を最後に記しておきます。

Habit is a Second Nature.
習慣は第二の天性なり。

毎日、継続している「習慣」というのは、天賦の才能と同じくらい力（パワー）を発揮するものだということです。

以上、述べてきた通り、定年後ライフスタイルに「ＩＣＴ活用」を導入できるかどうかは、人生の幸福度に大きく影響する最大のポイントです。

とくに、雇われない働き方で生涯現役の生き方として、「定年ひとり起業」に踏み出すフリーランスの方にとって、ビジネスが成功するか否かは、この「ＩＣＴ活用」にかかっていると言っても過言ではないでしょう。

第2章のポイント

◆シニアに求められる最重要のリスキリングは「ICT活用」
◆「高齢者クラウド」の実践により、シニアのモザイク型就労が可能になる
◆社会とつながり、役割を持ち、誰かの役に立つ、感謝されるといった関わりを持ち続けられる人生期間である「貢献寿命」が大切
◆65歳で生まれた高齢者が成人する85歳を「シニア成人」と定義し、そこまで現役で働き続ける人生が幸せな生き方
◆Twitterの検索力と拡散力はビジネスの入口になる
◆ストック型メディアのブログは「人生の母艦」
◆中高年フリーランス同士とネットワークで活用が盛んなFacebook
◆5G通信の導入で加速する動画による配信は伝えられる情報量が多く、YouTube動画は必須の情報発信手段に
◆老後資金作りのためのつみたてNISA等の投資ではネット証券によるオンライン取引が必須
◆人は1年でできることを過大評価し、10年でできることを過小評価している。毎日の小さな「習慣」と「複利」の力はとてつもなく大きい

コラム２

「シニア成人」の挑戦は続く！
牧《まき》壮《たけし》〈86歳〉

シニアＩＣＴディレクター、牧アイティ研究所代表

１９３６年、山口県下関市生まれ。慶應義塾大学工学部卒業後、旭化成工業株式会社入社。旭化成グループ会社役員を経て、旭化成情報システム株式会社社長、63歳で定年後、マレーシアのペナン島でインターネットビジネスを実践、75歳で帰国してシニアをインターネットでつなぐ事業（Internet of Seniors, ＩｏＳ）を推進、デジタル庁・デジタル推進委員アンバサダーに就任。

著書に、『ｉＰａｄで65歳からの毎日を10倍愉しくする私の方法』（明日香出版社）、『シニアよ、インターネットでつながろう！』（カナリアコミュニケーションズ）『人生１００歳 シニアよ、新デジタル時代を共に生きよう！』（カナリアコミュニケーションズ）がある。

私が牧 壮氏に初めてお会いしたのは、シニア起業家・女性起業家のコミュニティー

「めびうすのＷＡ」を主宰する松延健児氏（株式会社エクサネット）からイベント会場で紹介を受けた時です。

シニア起業家が集うコミュニティーの中でも80代という最高齢で元気に活躍している人がいると紹介されました。

お会いしてみると、ものすごいパワーで「シニアをインターネットでつなぐＩｏＳ（Internet of Seniors）を熱い言葉で語っておられたのが印象的でした。

その後、２冊の本『**超高齢社会２・０**』（檜山敦著・平凡社新書）および『**もし波平が85歳になったら?**』（近藤昇他著・カナリアコミュニケーションズ）で紹介されていた牧氏の活動に改めて感銘を受けたのは先ほど述べた通りです。

また、デジタル庁が発足し、シニア世代のデジタル推進・普及の実績を評価されて、同庁より日本で３名しかいない「**デジタル推進委員アンバサダー**」に任命されています。

牧氏は65歳で高齢者として生まれ変わった人が85歳で高齢者20年目を迎えるの時を「高齢者の成人」と定めて、「シニア成人」と命名し、お祝いの式典を行うことを提案しています。自ら85歳のシニア成人なられたのを機に、お祝い会を開催するとともに、新たな挑戦に向けた活動を現在も精力的に行っています。

そうした生涯現役のライフスタイルの原点やそのパワーの源を知りたいと思い、昨年インタビュー取材をさせていただきました。
以下はインタビューで伺った牧 壮氏の起業ストーリーです。

――学校を卒業後の職歴と現在の活動を始めるまでの経緯を教えていただけますか?

大学での専門は計測工学科で、今はそうした学科はなくなりましたが、自動制御やその応用を研究していました。
システム工学という分野になります。
旭化成という会社で定年まで勤めて、最後にやった仕事がグループ会社である旭化成情報システム株式会社の社長でした。

とくにシステムやITに強いとか詳しいということではなかったのですが、社長だったのでそれなりに勉強を積んで、何とか骨格は理解して経営できるくらいになりました。今思えば、それが時代の潮流に合っていて、その後の「インターネットでシニアを繋ぐ」というビジネスに結びついたのだと思います。

――現在の仕事・活動に踏み出した経緯はどういうものでしたか？

63歳でグループ会社の社長も定年退職となったのですが、年齢による差別や偏見がない海外で自由にビジネスをしてみたいと思い、様々な移住条件を調べて最適だと判断したマレーシアのペナン島へ夫婦で移住しました。

これからの時代は皆、長生きするだろうと思い、海外でインターネットを活用してビジネスをしてみようと考えたのです。その時に「定年後のビジネス」として3つの原則を立てました。

1つ目が「大きな初期投資をしない」

2つ目が「人は雇わない」

３つ目に「オフィスは借りない」です。

実際に、大きなリスクを取らずに中小企業向けにネットを活用してコンサルティングの仕事をしていました。

13年間、マレーシアで楽しく過ごしていたのですが、75歳の後期高齢者になるにあたって、やはり健康面・体力面の不安もあるので、日本へ戻ることにしました。

日本に帰国してからも、人生１００年時代で長生きするのだから、定年後のデジタル活用で楽しいシニアライフを送れるような活動をしたいと思いました。

聖路加国際病院の日野原重明先生が１００歳の時にご縁を頂戴して、iPad の使い方を説明させていただき、「新老人の会」（ＳＳＡ）を立ち上げて、シニアのためのインターネット教室を主宰しました。

――現在の仕事をする上で、牧さんの「武器」は何でしょうか？

32歳の時に始めたサッカーをずっと続けていて、80歳まで現役でやっていました。

チーム結成の50周年記念でイギリスへ遠征し、イギリスのシニア・チームと対戦しました。海外ではシニアのチームスポーツも盛んで、本格的な試合をします。80歳でPKを決めたのはゴールの最年長記録ではないでしょうか。

体力には自信があります。

また、旭化成情報システムの社長を経験していたことで、インターネットの可能性を知ることができたのもラッキーでした。

——起業して長く働けるメリットやデメリットは何ですか？

自分で好きな場所で好きな時間に好きな仕事ができること。「長生き＝楽しい」ということにしなければいけません。どんどんアイデアが浮かんで、自由に活動できるのがメリットですね。

——困ったことや今後の活動における不安はありませんか？

今後の健康面での不安を考えて、86歳になって長年住んでいた川崎から、横浜にある高齢者マンションに引っ越しをしました。ここは24時間看護師が常駐していて、すべてバリアフリーでレストランもあるので、家内を亡くしてひとり暮らしになっている身でも安心です。

これで日々の生活にも不安がなくなりました。

今は、寝たい時に寝て、起きたい時に起きる生活ですが、夜21時には寝て、朝は5～6時に起きる生活です。

――これだけは成し遂げたい「人生のミッション」と牧さんが影響を受けた人や書籍を教えてください。

シニアは「育自」「eシニア」「シニア成人」を目指すべきでしょう。

自分で自分を育成していく、少しだけデジタルに強い「eシニア」と「いいシニア」になる、そして、65歳で高齢者となったシニアが20歳になる85歳を「シニア成人」としてお祝いする、といったことを提唱しています。

――最後に、読者へ伝えたいメッセージを

長生きすることを前提に、「イキイキ、ワクワク、楽しく」なるように生きること。

年を取って「できなくなること」でなく、「できたこと」を考える。
ＡＩ（人工知能）で失われていく認知機能を補うことができます。

【牧 壮氏が影響を受けた人】

・日野原 重明（元聖路加病院理事長）

【牧 壮氏が影響を受けた書籍】

『人生百年 私の工夫』（日野原重明著・幻冬舎文庫）

第3章

定年後の「健康法」は、これが結論！

団塊世代が読む「生き方の教科書」とは？

間もなく全員が75歳の後期高齢者となる団塊世代が今、こぞって読んでいる本があります。

「はじめに」でも紹介した、高齢者専門の精神科医・和田秀樹氏が書いている数々の健康関連書籍です。

大ヒットになったきっかけは、『70歳が老化の分かれ道』（詩想社新書）という本です。

２０２１年６月に刊行された本ですが、35万部をこえるベストセラーとなっていて、今も売れ続けています。

和田秀樹氏が次々に出版している本はどれも同じテーマを扱っていて、中核テーマは「いかに元気に80代を迎えるか」ということです。

男性72歳、女性75歳と言われる健康寿命をこえて、なお元気でサポートなく自力で毎日の生活、活動を行っていくために、６０００人という圧倒的な人数の高齢者を診察してきた臨床経験をもとに、「70歳からの生き方や生活習慣がいかに大切か」を解説しているのです。

第2弾として刊行された『80歳の壁』（幻冬舎新書）も同じコンセプトで書かれており、

「いかに80歳の壁をこえて元気に生活、活動できるか」

「そのために70代の生活習慣がポイント」

と述べて、和田氏が診てきた元気な高齢者と一気に老け込んでしまう高齢者の生活習慣を比較して結論を提示しています。

身体（筋肉）の老化である「フレイル」や、脳の老化である「認知症」をいかに防ぐかが具体的に書かれているのです。

和田氏が提唱している「70代の生活習慣」で大切なポイントは以下の3点です。

1．老化は脳の前頭葉の萎縮から始まるため、「心の老化」「感情の老化」に注意して、20歳くらい若い感覚で新たなチャレンジをしていく

2．肉や大豆といったタンパク質に含まれる必須アミノ酸「トリプトファン」をしっかり摂って、脳内の神経伝達物質「セロトニン」（通称「幸せホルモン」）の分泌を活発にする

3．毎朝、太陽の光をしっかりと浴び、セロトニンの分泌を促し、規則正しい早寝早起きと適度な運動の習慣で良質な睡眠を取る

70代の高齢者が最も恐れているのは、自分の足で自由に歩けなくなる「フレイル」と、脳の働きが正常でなくなる「認知症」なのです。

この2つをいかに予防し、健康的な活動を維持できるかに最大の関心があり、和田秀樹氏の著書を「生き方の教科書」として読み漁っているのです。

最重要のキーワードは「セロトニン」で、これはうつ病の原因や治療でよく使われる言葉ですが、別名「幸せホルモン」と呼ばれ、加齢とともに分泌量が減少する物質です。

図3－1　日本人・平均寿命の推移

年　号	男性	女性	増加年数	男女差
1947年	50歳	54歳	ー	6年
1960年	65歳	70歳	15～16年	5年
1980年	73歳	79歳	8～9年	6年
2000年	78歳	85歳	5～6年	7年
2020年	82歳	88歳	3～4年	6年
2040年（予測）	83歳	90歳	1～2年	7年

（出典）厚生労働省資料

朝、太陽の光をしっかり浴びるとセロトニンが分泌され、14時間後にメラトニンという眠くなるホルモンがしっかり出て、良質な睡眠が得られる、というメカニズムになっているそうです。

和田秀樹氏のこうした説明は明快で説得力があります。

また、セロトニンはストレスによっても分泌量が大きく減少することが分かっており、うつ病の主原因とも言われています。

うつ病のきっかけの多くはストレスによる不眠から始まり、精神安定剤や睡眠導入剤によって無理やり眠ると朝起きることができなくなり、結果として、太陽の光を浴びることが少なくなって、セロトニン分泌の減少を招き、昼夜逆転の生活リズムになってしまい、悪循環に入ってしまいます。

食欲も落ちるため、肉類等タンパク質、トリプトファンの摂取も減って、ますますセロトニンが出なくなり、メラトニンの分泌が減って不眠症が続いてしまうということです。

和田氏は、セロトニンの分泌量が加齢によって減ることから、「老人性うつ」はかなり多く見られ、認知症だと思っていたら実は「老人性うつ」だったという症例はとても多いと言います。

したがって、食事で肉類や大豆等タンパク質をしっかり取ることと、朝太陽の光をしっかり浴びる生活習慣が高齢者、とくに70代になってからは重要なのです。

元気に活動する70代の方はセロトニンをしっかり分泌していて、楽々80歳の壁をこえていくというのが、和田秀樹氏のすべての本に共通する結論です。

日本人の平均寿命は、和田氏が生まれた１９６０年と60年経った２０２０年とを比べると、20年近くも延びており、「20歳くらい若いつもりで生活すればちょうどいい」

と提唱しています。

私は最近の和田氏の著書をほとんど全部読んでブログに書評も掲載していますので何度もこのポイントが書かれているのは確かです。

「同じことが書いてあるのになぜ、和田先生の本を何冊も読むのですか？」と時々、質問を受けるのですが、「定年後の健康管理にとってとても大事なことだから、何度も繰り返して著者が伝えようとしている」と私は理解しています。

だから何度でも読んで繰り返し確認し、頭に刷り込んで実践しているのです。

おそらく、健康管理に問題意識の高い団塊世代の皆さんも同じではないでしょうか。

だから次々と出版される本が30万部をこえるベストセラーになっているのです。

茂木健一郎氏が説く「脳を若返らせる方法」

著名な脳科学者の茂木健一郎氏が２０２２年12月に出版した新刊著書『脳は若返

る』（リベラル新書）の中で、70歳以上のシニアの中でも、同世代と比較すると圧倒的に高い認知能力を持つ人のことを指す「スーパーエイジャー」の生活習慣を紹介しています。

最も特徴的なのは、「常に新しいことへのチャレンジをしていること」です。

さらに、若々しい脳を手に入れるために最も効果の高い方法として、次の3つを挙げています。

1. 社会や人とつながる
2. 常にお金の出入りがある
3. ストレスのない生活習慣

70代になっても好きなことを仕事にして働き続けるというライフスタイルであれば、おそらく3つとも当てはまるのではないでしょうか。

同書の中盤では、現代は何歳になっても活躍できる時代なので、

「アクティブシニアは社会とつながり、仲間が多い」

「アクティブシニアは何歳になっても稼ぐ」

と述べています。

さらに同書の後半で、「脳の寿命を伸ばす簡単な生活習慣」および「若々しい脳を保つための心の持ち方」について、以下のポイントを挙げています。

◆ **ストレスを溜めない生活習慣：①太陽の光を浴びる、②周囲の人に話を聞いてもらう、③自分の好きなことをやる**
◆ **ストレスがセロトニンを減少させ、脳に悪い影響を及ぼす**
◆ **朝目覚めてから3時間＝脳のゴールデンタイムを有効活用する**
◆ **手の運動になる「楽器を弾く」「絵を描く」「料理を作る」**
◆ **マインドフルネスで、心を穏やかに**
◆ **教養を身につけると感情コントロールにも役立つ**
◆ **「回想法」で昔やりたかったことにチャレンジしてみる**

その他にも、「モノよりも経験にお金を使う」、「旅は脳を活性化させるための投資」、「人のために使ったお金は返ってくるし、幸福感が増す」等、若々しい脳を保つための心の持ち方や行動習慣が紹介されています。

いずれも、70歳以降でも仕事を続け、社会に貢献していく活動を毎日継続していくことで実現できることばかりが書かれています。

悠々自適の余生を過ごすとか、FIREを達成してアーリーリタイアするといった生活とは正反対の「生涯現役」の生き方が、若々しい脳を維持するポイントだということです。

つまり、脳科学者である茂木健一郎氏の見解も、和田秀樹氏と同様に、仕事等の活動を通して脳を使い続ける生活習慣こそが、脳を活性化させ、認知症とは無縁の定年後の人生を送る秘訣であるという結論なのです。

長谷川嘉哉氏が提唱する「一生稼げる脳」とは？

70代に入った団塊世代の人たちが最も関心を寄せる「認知症」にならない脳について発信を続けている認知症専門医・ライフドクターの長谷川嘉哉氏に私は注目しています。

ライフドクターという肩書きはなじみがないかも知れませんが、そこが長谷川氏のユニークなところです。

１９６６年名古屋市生まれで、名古屋大学医学部卒業の医学博士、認知症専門医ですが、ファイナンシャルプランナーの資格を持っています。

地方のクリニックでありながら、全国から月に１０００人以上の認知症患者が受診に訪れ、認知症治療とともにお金に関する今後の生活まで一括して相談を受けているのです。

現在は、医療法人ブレイングループ理事長として、在宅生活を医療・介護・福祉のあらゆる分野で支えるサービスを展開しています。

数多くの著書を世に出されていますが、私が最も感銘を受けたのが、2020年9月に出版された『一生稼げる脳の作り方 定年に縛られずに自由に生きていく「お金」と「健康」と「働き方」の話』（KADOKAWA）という本です。

この本の冒頭で、「人生100年時代にもっとも豊かに生きられるのは『脳のメンテナンス法』を知っている人たちである」と述べています。

数多くの認知症患者を診てきた長谷川氏の結論は、脳が老化する人としない人、認知症を発症する人としない人を分けているのは、意欲があるかどうか、ということ。

どういう意欲かと言えば、「勤労意欲」と「金銭意欲」なのだそうです。

フランスの国立保健医学研究所（INSERM）がまとめた「認知症発症率に関する報告書」では、「脳を若く健康に保つ秘訣は働くことである」と結論付けていることも紹介されています。

その上で、長谷川氏は臨床現場に身を置く認知症専門医として、次の3つの意欲の高い人ほど、脳の認知機能が低下しにくいと述べています。

◆仕事に対する意欲
◆お金を稼ぐことに対する意欲
◆お金を自分で管理しようとする意欲

生涯働き続け、生涯稼ぎ続けることによって、認知症予防になるだけでなく、老後貧困に陥らなくなると、認知症専門医かつお金の専門家でもある著者は提唱しているのです。

私が定年ひとり起業を推奨し、自らも実践しているのは、この考え方に全面的に共感しているからです。

私が生涯現役のライフスタイルを推奨する中で、70代以降のサードキャリアにおいても、ボランティアや趣味の活動ではなく、仕事として稼ぎ続けることを重視しているのは脳のメンテナンスにも有効で、お金の不安も大きく下がるためです。

長谷川氏はこの本の中で、「老後資金はいらない。蓄えるよりも働ける状態の方が１００倍大切」と述べていて、自らの意志で「一生稼ぐ」ことを念頭に人生プランを考えることを提唱しています。

まさに、私が本書で述べている「トリプルキャリア」による人生設計は、そのものズバリなのです。

その他にも長谷川氏の著書では、高齢者ほど格差が広がっている現実や、定年後も「世帯年収500万円」を稼ぐ方法等、脳科学とお金の専門家・ファイナンシャルプランナーという両方の専門性を組み合わせた興味深い記載が目白押しです。

私も自らのライフプランに大いに参考にさせてもらっていますが、興味ある方はぜひ読んでみてください。


以上、和田秀樹氏、茂木健一郎氏、長谷川嘉哉氏の3名の専門家が提唱している脳の活性化法を紹介してきましたが、結論は同じです。

加齢に伴って低下してくる「意欲」をいかに高めるかがポイントで、その最良の方法は「脳を使い続けること」「働き続けること」です。

私が数々の健康本を読破して、多くの書評をブログにアウトプットしてきた結論は、以下の通りです。

「健康だから働くのではなく、働き続けるから健康なのだ」

私は、間もなく65歳となり高齢者の仲間入りをしますが、これまで通りの働き方でフリーランスとしての仕事を続けます。

定年のない働き方として、定年ひとり起業というライフスタイルを選んで、本当に良かったと感じています。

70代のどこかで働き方をチェンジでしてサードキャリアに移行しますが、少なくともシニア成人となる85歳までは現役としてしっかりと仕事をし、納税をして社会貢献を続けていきます。

それが最も健康に、幸せに日々を送れるライフスタイルだと確信しているからです。

健康のベースは「免疫機能」で、体温を上げること

私が4年前から最も重視している「健康管理」のキーポイントは「体温を上げるこ

と」です。

２０１９年に経営コンサルティングのクライアントの会社で、免疫学が専門の医師である齋藤真嗣先生にお会いして、ご著書『**体温を上げると健康になる**』（**サンマーク文庫**）を頂戴して読んだのがきっかけです。

私は新入社員の時から年間３００冊以上のビジネス書を多読することが趣味で、いわゆる「健康本」にもとても興味があって、脳科学や免疫学の本を何冊も読んできました。

この本は単行本として２０１０年に出版されたのち、２０１２年に文庫化されて70万部売れるベストセラーになったものですが、私は読みそびれていました。

書籍の帯には「70万人の人生を変えた画期的な書」と書かれているほど大きな反響があった本です。何が書いてあるかというと、「体温が36・5度から37・0度の間に保たれている時、免疫機能が最も活発に働き、病気になりにくく健康になる」という免疫のメカニズムが紹介されています。

では、どうすれば少し高めと思われる基礎体温（平熱）にできるのか？

その方法は毎日の生活習慣にあります。

1つは、毎日1回必ず、浴槽に入って体を温めること。

41度のお湯が最適というところまで書かれています。

日本人の平均寿命が世界でも最も高いレベルにある一つの要因は、浴槽に浸かるという入浴習慣かも知れません。

もう1つは、毎日の「筋トレ」。

齋藤氏の推奨する「筋トレ」はスポーツジムでバーベルを上げるハードな筋トレではありません。ズバリ、**スクワット運動**です。人間の筋肉が最も集中しているのが、太ももとふくらはぎで、その筋肉を鍛えるのです。

人間は加齢に伴って年々、基礎代謝量が落ちていくのですが、スクワット運動を毎日の習慣にすることで、筋肉量を維持して基礎代謝量の落ち方を緩やかにできるのだそうです。

基礎代謝が活発なほど体温は高くなるので、免疫機能も活発に働き、健康が維持できるというメカニズムです。

この原理を、お会いした時に直接、齋藤先生から説明いただきました。

齋藤真嗣氏は、米国の医師免許を持つドクターズ・ドクターとして普段アメリカに滞在し、世界のＶＩＰの主治医にアドバイスする仕事等もされています。

また、アンチエイジングの専門家でもあり、中高年が健康を維持するために、いかに免疫機能の活性化が大切か、そのために体温を上げることが必要であることを多くの人々に発信されています。


私は齋藤先生にお会いしてアドバイスを受けて以来、その教えを毎日実践しています。

夜は必ず41度の浴槽に入って体温を上げ、翌朝起きるとスクワット運動をするのが日課になっています。

それを４年間続けた結果、もともと36℃前後だった私の基礎体温はじわじわと上がり始め、今では36・３〜36・４℃くらいになりました。もう一歩のところまで来た感じです。

この期間は風邪ひとつひかず、いたって健康です。

感染症対策でマスク、うがい、手洗いを徹底している効果もあるでしょうが、とくに伊豆の事務所に滞在して毎日温泉に入り、東向きバルコニーで海に上がる朝日を眺めながらスクワット運動をしている時は、すこぶる体調がいいのです。

そうした環境で大好きな執筆の仕事を今もしていて、本当に幸せを実感できる瞬間です。

世の中には様々な「健康法」の情報が入り乱れていますが、私は健康の基本は「免疫機能」だと考えていて、がん細胞もウイルスも体内には多くあるものだけれど、免疫機能さえしっかり働いていれば、発病はせず、健康を維持できる仕組みになっていると理解しています。

したがって、健康管理のベースは「免疫機能」であり、そのために「体温を上げること」を最も重視して日々の生活を送っているのです。

次に、スクワット運動以外の運動習慣について、私が実践していることを紹介します。

「自分の足で歩く」ことの重要性

私が会社員時代に10年間住んでいた世田谷区に、日本では珍しい「足専門の総合病院」があります。

米国の足病医学（ポダイアトリー）を参考に2014年にアジア発、日本で唯一の「足の総合病院」として造られた下北沢病院です。

この病院のことを知ったのは、実は世田谷区に住んでいる時ではなく、2年前の2021年5月に『**定年ひとり起業**』を出版した直後に、「ロンドンブーツ1号2号田村淳のNews CLUB」というラジオ番組にゲスト出演させていただいた時に、田村淳さんから聞いた話です。

私が出演する少し前のゲストとして、下北沢病院の久道勝也理事長が出演されていて、その時の話を伺ったのです。

久道理事長は、「足」と「歩行」の状態が、人が元気に生きる上で非常に重要な要素だという考え方のもとに、毎日歩き続けること、そしてそのために最も基本的なこととして「アキレス腱伸ばし」を勧めています。

アキレス腱伸ばしは、皆さんも体育の時間に準備運動等でやったことがあるのではないかと思います。

久道氏がラジオ番組に出演した時に実際にスタジオで実演して見せたそうですが、私たちがよくやるアキレス腱伸ばしとは少しやり方が違うのです。

1、2、3と号令をかけながら反動をつけてアキレス腱を伸ばすのが普通ですが、正しいやり方は、壁等に両手をついて片足ずつアキレス腱を伸ばしたままの状態を最低30秒間キープして、静止したままアキレス腱を伸ばすのです。

これを両足交互に行い、毎日しっかりとアキレス腱を伸ばすことが、長く自分の足で歩行する基本だということでした。

久道理事長は、「人間は老いて、いろいろなことが少しずつできなくなるけれども、人生の最期、3段の階段を降りていく」と述べています。
次の3段です。

1．自分の足で歩くこと
2．自分でトイレで排泄すること
3．自分で食べること

人は死に向かう時、誰でもこの順番で、できなくなっていく。
まず歩行ができなくなり、次に排泄ができなくなり、最後に自分で食べられなくなって死に至る、という順番です。

つまり、最初の「歩ける状態を続けること」が健康寿命を延ばすために大切なのです。

詳しくは、下北沢病院医師団が書いた『〝歩く力〟を落とさない！ 新しい「足」のトリセツ』（日経BP社）をご覧ください。

足や歩行に関するあらゆることがイラスト入りで解説されていて、分かりやすい本です。

私は文化放送のスタジオで、久道先生のことを知ってすぐにこの本を購入して、イラストに描かれている方法で、毎日アキレス腱伸ばしを行うことを習慣にしました。

毎朝、まず腹筋運動をした後、このアキレス腱伸ばしを30秒以上しっかり行ってから、齋藤真嗣先生が勧めるスクワット運動をしているのです。

１年３６５日、よほどのことがない限り、このルーティーンは欠かしません。

なぜここまでアキレス腱伸ばしが大事で基本となるのか、十分に納得したい方はぜひ、下北沢病院医師団の書いた本をお読みください。

ベストセラー『スマホ脳』より売れている『運動脳』

私の実践する運動習慣について、もう1つ「有酸素運動」を紹介しておきます。

もともと高齢者には「散歩」がいいというのは両親を見ていても分かっていたし、尊敬する生涯現役を貫いた作家である外山滋比古氏が「足の散歩、手の散歩、口の散歩」を多くの著書で推奨されていたので、心に留めて実践していました。

外山氏は、自宅に近い茗荷谷駅から通勤定期を買って丸の内線で大手町まで毎朝通い、皇居周囲の道路を散歩していたそうです。

途中でラジオ体操に参加したり、気が向けば早朝の静かな丸の内オフィス街のカフェでコーヒーを楽しんだりすることもあったと言います。

ちなみに、「手の散歩」とは料理をすること、「口の散歩」とは気の置けない仲間と言いたいことを言い合うことで、どれも脳を活性化させる効果があるでしょう。

「足の散歩」について脳を活性化させることがよく分かる本があります。『スマホ脳』（新潮社）というベストセラーで有名になったスウェーデンの精神科医であるアンデシュ・ハンセンが書いた**『運動脳』（サンマーク出版）**です。

日本では『スマホ脳』の方が有名ですが、母国スウェーデンでは『運動脳』の方が売れていて、人口1000万人のスウェーデン国内で67万部、人口の6・7％が読んでいる本になります。

日本の人口1億2000万人に換算すると、800万部の大ベストセラーということになります。どんなことが書いてあるかというと、**「身体を動かすことほど、脳に影響を及ぼすものはない」**ということ。

そして、とりわけ効果の高い身体の動かし方とそのメカニズムを伝えています。私がとくに興味深く印象に残っているのは以下の記述です。

◆原始時代の人々は、現代人よりはるかによく動く

◆定期的なウォーキングで「認知機能」が向上

◆身体を活発に動かした人の脳は機能が向上し、加齢による悪影響が抑制され、脳が若返る

◆週2回以上運動している人は、ストレスや不安とほぼ無縁

◆運動すると、心が落ち着き、ストレスにも強くなり、記憶力や創造性、集中力といった認知機能も高まる（＝「知性」）

◆意識して歩くと「認知症」発症率が40％減

もともと原始人は狩猟採集により現代人よりはるかに動く生活をしており、動くことで活性化する脳の仕組みになっているということです。

私たちの身体や脳の仕組みは基本的に原始人と大きくは変わっておらず、運動することで脳は活性化するのです。

この本で、とくに進めているのが、最低30分、週2回以上のウォーキングやランニングです。

有酸素運動によって心拍数を上げることで脳の働きがよくなり、海馬や前頭葉が大

きくなって、学力・集中力・記憶力・意欲・創造性が高まるというメカニズムなのです。

以上のような理屈がこの本を読んでよく分かったので、定期的なウォーキング等有酸素運動を意識して行い、心拍数を上げるようにしています。

小説家の村上春樹氏をはじめランニングを趣味にしているクリエイティブな方々は数多くいます。コロナ禍で運動不足になっている人も多いかも知れませんので、意識して行うことが大切です。

私は、都内で仕事をする時はなるべく駅で階段を使ったり、早歩きで移動したりしています。伊豆の事務所では、スーパー、レストラン等への移動に30分は歩く習慣を心がけています。

健康の土台になる「口腔ケア」の重要性

私の実践する健康管理について、もう1つ最後に「8020運動」への挑戦について紹介します。年金生活者である80代の老親が50代の引きこもりの子どもと同居して養うことで親子共倒れになってしまう「8050問題」の名称のもとになった「8020運動」という言葉をご存じでしょうか?

よく似た語感の響きですが、こちらの方が先に作られた言葉です。

生活の貧困問題とはまったく違うジャンルで、歯の健康に関する言葉です。

そのコンセプトは、「80歳になっても自分の歯を20本残す」ことを目標に、しっかりと「口腔ケア」を行っていこうと呼びかけている、日本歯科医師会が推進しているのが8020運動です。

「生涯、自分の歯で食べる楽しみを味わえる」というのは、人生後半の幸福度に直結する重要なポイントなのです。

私たちの歯は「親知らず」を除くと上下14本ずつの計28本が基本で、80歳になってもその内20本を自分の歯としてしっかり残すというのが８０２０運動の目標です。多くの人は70代に入ると歯の不調を訴える人が急増し、80代で自分の歯を多く残すことが難しくなるそうです。

２０２２年の年末にＮＨＫで放映された「加山雄三の船上ラストコンサート」の特集番組の中で、加山雄三氏が「ステーキ３００グラムを笑顔でペロリとたいらげる映像」が出ていました。

その時のインタビューで「私は85歳で自分の歯が27本残っているので何でも美味しく食べられる」と答えていたのが印象的でした。

日本歯科医師会が８０２０運動を呼びかけているということは、意識して「口腔ケア」をしていかないと、加齢とともに自分の歯を維持していくのが難しいということなのです。

歯の間に食べかすが残り、それが固まって歯垢（プラーク）になり、さらにそれが

固まると石灰化して歯石となって、むし歯や歯周病の原因になるのです。

それを放置しておくと、歯を抜くしか治療法がなくなり、自分の歯を残せないということです。とくに歯茎が細菌で炎症を起こす歯周病は、様々な病気の原因になる恐ろしい病気と言われています。

歯周病がどれほど他の病気の原因になる「怖い病気」なのかということを多くの人は意外と知りません。耐えられないほど歯が痛くなるまでは甘く見て歯科医院に行かずに放置してしまうのです。

そもそも歯医者での治療は「痛い」というイメージがあってどうしても足が遠のいてしまうのでしょう。

『人生100年時代 歯を長持ちさせる鉄則（ルール）――健口と健康の3原則』（魚田真弘著・クロスメディア・パブリッシング）という本によれば、人生の寿命100年に対して歯の寿命は60年しかなく、そのギャップをいかに埋めるかが重要で、そのための鉄則（ルール）があるということです。

著者の魚田氏は大阪大学歯学部大学院にて博士号を取得し、エンパシークリニック院長を務める歯科医ですが、口の寿命である「健口寿命」を１００歳に延ばし、いつまでも健康で「自分の歯」で何でも食べられるようにするための基礎知識をこの本で伝えています。

主なポイントは以下の通りです。

◆歯科医によるプロフェッショナルケア＋自身のセルフケアで歯周病を予防
◆医師と歯科医師が連携を取り合う「医科歯科連携」が大切
◆歯間を中心にブラッシング等の口腔ケアを5分以上行う
◆口周りの筋肉が衰えて滑舌が悪くなる「オーラルフレイル」をチェック
◆誤嚥につながる「むせる」を頻発する「口腔機能の低下」に注意
◆嚥下（飲み込む）の力が衰えると、誤嚥性肺炎のリスクが高まる

私の場合は、30代の頃に飯田橋の日本歯科大学附属病院で「親知らず」を3本抜いた経験があり、その時に歯周病になりかかっていると指摘され、徹底的にブラッシング（歯磨き）の指導を受けました。

歯ブラシの正しい使い方、力を入れて磨くのではないこと、歯ブラシが入らない部分をデンタルフロス（糸）や歯間ブラシを使って掃除すること等を何度もチェックを受けながら繰り返し指導してもらいました。

今では、1日3食後に必ず歯のケアを行います。


これが口腔ケアの基本なのです。

徐々に正しいケアができるようになってきましたが、それでも3カ月に1回は、自分では取り切れなかった歯垢を取り除くために歯科医院に通院しています。

この時に合わせて歯茎の状態もチェックしてもらい、歯周病が進行していないかどうかを確かめます。

近所にかかりつけ医（ホームドクター）を持つことが、とくに高齢者になったら大切だと言われていますが、私は若い時から「かかりつけ歯科医」を持つことがもっと重要だと自らの経験から考えています。

以上、様々な専門家の本から得た私の健康法を紹介してきました。

ただし、私は医師や医学者が書いた「健康本」だけを参考にして日々の生活習慣を決めているわけではありません。

この後は、健康にも関連するライフスタイル本で、私がとくに参考にして実践しているものを紹介します。

健康長寿に関する研究をしてきた良書で、その研究スケールの大きさに深く感銘を受けました。

世界最大規模の「コホート研究」の結論

今から約１００年前の１９２０年に開始された世界最大規模の「コホート研究」があります。

コホート研究とは、同時期に出生した母集団を長年にわたって追跡観察・調査する研究のことで、様々な国やジャンルで行われています。

その中において世界で並ぶものがないほどスケールが大きいと言われているのが、「ターマン・フリードマン研究」と呼ばれているものです。

1920年に米カリフォルニア州の小学生1500人を対象に80年間にわたる追跡調査（インタビュー）を行い、最終的に対象者全員の死亡診断書まで入手して研究を終えました。

もともと研究を開始したのはアメリカの心理学者ルイス・ターマン博士で、何を調べたかというと、子どもの性格とリーダーとしての資質との関係を研究するためのものでした。

どんな性格を持っている子どもが将来、優れたリーダーになるのかを調べたかったのです。ところが、研究の中心となっていたターマン博士は自らの寿命のため道半ばで研究は中断してしまいました。

数年の時を経て、カリフォルニア大学リバーサイド校のハワード・S・フリードマン心理学教授とラ・シエラ大学のレスリー・R・マーティン心理学教授がターマン研究を引き継ぎ、１５００人の母集団に対する定期的なインタビュー調査を継続しました。

当初はリーダーとしての資質を探るための研究でしたが、引き継いだ二人の研究者は、それに留まらず、１５００人のキャリア、家庭生活、健康状態に至る人生全般に関する調査を行い、最終的に何歳でどんな死因で亡くなったのか、全員の死亡診断書を入手するところまで行い、研究を完結させたのです。

１５００名という母集団を80年もの長期にわたって継続調査をしたコホート研究は世界でも例を見ないスケールだそうです。

子どもの時に備えていた性格が、その後の人生にどのような影響を与えるのかという研究はとても興味深いものです。

当時の米カリフォルニア州の小学校に通う子どもたちは、いわゆる中産階級で比較的裕福な家庭の子どもたちと推測されます。

現代の日本の小学生にも近い環境ではないかと思われ、その結論は今の日本でも有効かも知れません。

では、どんな結論が導き出されたのでしょうか？

様々な切り口で分析がなされたのですが、最も顕著に因果関係が認められた性格が「Conscientiousness」という性格です。

日本語に訳すと、「誠実性」「勤勉性」「真面目さ」といった性格になります。

この性格を持つ子どもたちは、健康長寿で、仕事のキャリアでも成功し、幸せな家庭を築いていたという結論が得られました。分析の結果、この相関関係だけが突出して高く、例外が少なかったそうです。

他の性格については、若干の傾向は見られたものの、「Conscientiousness」という性格ほど、はっきりと現れた相関関係はなかったと言います。

研究の詳細に興味のある方はぜひ、『長寿と性格』（ハワード・S・フリードマン、レスリー・R・マーティン著・清流出版）をお読みください。

研究の内容が詳細に紹介されています。

このターマン・フリードマン研究については、日本の医師である岡田尊司氏が『真面目な人は長生きする 八十年にわたる寿命研究が解き明かす驚愕の真実』（幻冬舎新書）という解説本を出版していますので、併せて読むと理解が深まります。

ターマン・フリードマン研究の結論から何が言えるかという私なりの結論は次の通りです。

「目標を定めて、そこに向かって日々、コツコツと努力を積み重ねる勤勉で誠実な人ほど仕事やキャリアで成功しやすいし、幸せな家庭を築いて、健康で長寿の幸せな人生を送る」ということです。

私は毎日の「小さな習慣」の積み重ねがとても大切で、１年で達成できることはそれほど大きくないけれど、10年で成し遂げられることは想像をはるかに超えるくらい大きいと確信しています。

10年間の毎朝10分の「只管朗読」でＴＯＥＩＣスコアを大きくアップさせるビジネ

ス英語力を身につけたこと、9年半の毎日のブログ更新でビジネス書3000冊の書評を公開することによってフリーランスとしての仕事を大きく伸ばすことができたこと。

こうした成功体験があるので、ターマン・フリードマン研究の結論には、心の底から共感、感動しました。

間もなく65歳の高齢者へ仲間入りしてからの10年間は何にチャレンジするかを今、ワクワクしながら考えています。

そしてその後は、75歳からシニア成人になる85歳までの10年間の挑戦に向かっていくつもりです。

ではもう1つ、世界的なスケールの興味深い研究成果を紹介しましょう。

世界で認められた長寿地域「ブルーゾーン」のライフスタイル

世界に認められた長寿のホットスポットである「The Blue Zones（ブルーゾーン）」として5つの地域を特定し、そこに暮らす人たちのライフスタイルを調査・分析した研究を公開している書籍があります。

世界6大陸を自転車で横断し、3つのギネス世界記録を達成、その後も、健康・長寿・幸福を実現する手法を探し求め世界を旅して研究者、探検家、作家として活動しているダン・ビュイトナー（Dan Buettner）氏が書いた『The Blue Zones（ブルーゾーン）2nd Edition』（祥伝社）という本です。

この本は以前から有名で、百寿者（センテナリアン、100歳以上の人）が他の地域の10倍以上いて、平均寿命も10歳以上高い地域が世界に5箇所あって、それぞれ独特な伝統、風習、文化、ライフスタイルで暮らしているという調査・分析の記録です。

改訂版は長らく英語だけの出版となっていて、改定前の日本語版は絶版となって入手困難、中古本で1万円をこえる高値がつく希少本となっていました。

2022年12月にようやく改訂版の日本語訳が出版されたのです。
本書で取り上げている「ブルーゾーン」とは、次の5地域です。

1. イタリア・サルデーニャ島のバルバギア地方
2. 日本の沖縄
3. 米カリフォルニア州のロマリンダ
4. 中米コスタリアのニコジャ半島
5. ギリシャのイカリア島

それぞれの地域には長い年月をかけて育まれた長寿を実現する独特の歴史・伝統・文化があり、例えば、植物性食品（多様な野菜類）、大豆、ナッツ、ヤギのミルク、赤ワイン等を飲食する習慣が続いています。

周囲の地域から比較的隔絶された場所だったため、長寿なのは遺伝の影響もあるが、それは2割程度に過ぎず、残り8割はライフスタイルによるものと分析されています。

ブルーゾーンと呼ばれる5つの長寿地域に共通するライフスタイルとして、以下の9つのルールを本研究では導き出しました。

【ルール1】適度な運動を続ける
【ルール2】腹八分で摂取カロリーを抑える
【ルール3】植物性食品を食べる
【ルール4】適度に赤ワインを飲む
【ルール5】はっきりした目的意識を持つ
【ルール6】人生をスローダウンする
【ルール7】信仰心を持つ
【ルール8】家族を最優先にする
【ルール9】人とつながる

これら共通のライフスタイルを見て言えることは、食事（栄養）と運動を意識的に規則正しく行い、なるべく現役として長く仕事や活動（人とのつながり）を継続することです。

ブルーゾーンのライフスタイルからも、生涯現役で働き続けていくことが健康長寿の秘訣であることを学びました。

その他、ブルーゾーン地域のライフスタイルの中で、「ＩＫＩＧＡＩ（生きがい）」や、「太陽の日を楽しむ」等の生活習慣も紹介されています。


ＩＫＩＧＡＩについては、ヨーロッパの知識層の間で広まり、アメリカや日本でも徐々に共感の輪が拡大している「ＩＫＩＧＡＩベン図」の定義が私にはとてもしっくり来ています。


自分自身の人生のミッション、いわゆる「ライフワーク」を、このＩＫＩＧＡＩから見つけていきたいと思います。

今のところ、「ビジネス書の素晴らしさを世界中の人たちに伝えていくこと」を私のミッション（社会的使命）と考えて活動しています。

著者のダン・ビュイトナー氏は、ブルーゾーンのライフスタイルを調査・研究していく過程で、百寿者の年齢確認やインタビュー調査のアレンジという作業は困難を極めたと本の中で述べています。

途上国で年齢の信頼性確認に留意しなければならず、また先進国では個人情報保護の観点から百寿者にたどり着くことが難しいため、短い滞在期間で調査・分析を進めることの苦労は並大抵のことではないと推測されます。

百寿者へのインタビューが実現しても、その記憶や発言の信ぴょう性を周囲の家族等からも確認し、食事をはじめとする慣習やライフスタイルの確認は根気を要する仕事でした。

そうした数々の壁を乗り越えた結果の研究はとても価値ある、信頼性のあるものだと私は捉えています。

なお、本章で紹介してきた健康関連のビジネス書については、次の第4章にて、とくに私が影響を受けて実践している本を中心に詳しく紹介・解説しています。

私は医療・健康分野の専門家ではないため、本書に記載している「健康法」や「健康のための習慣」については、あくまでも私が読んで実践している健康関連のビジネス書を紹介する形としています。

本章で十分にその中身について説明しきれなかった部分を次章にて補完するようにしていますので、ぜひ併せてお読みください。

第3章のポイント①

- 70歳が老化の分かれ道で、老化は前頭葉の萎縮から始まるため、20歳若いつもりで脳と身体を使い続ける
- 肉や大豆を食べて、タンパク質に含まれる必須アミノ酸「トリプトファン」を摂取してセロトニンをしっかり出すことで意欲的に活動できる
- 早寝早起きの規則正しいリズムで生活し、朝太陽の光をしっかり浴びてセロトニンおよび14時間後のメラトニンで良質な睡眠を取る
- 脳科学の研究では、①新しいチャレンジで社会や人とつながる、②常にお金の出入りがある、③ストレスのない生活習慣の3つが脳を若返らせる
- 仕事に対する意欲、お金を稼ぐことに対する意欲、お金を管理する意欲が一生使える脳を作る
- 健康の基本は、体温を上げて36・5～37・0℃に保つことで「免疫機能」を活性化すること、そのためには毎日、①41度の浴槽で入浴、②スクワット運動等筋トレを欠かさない
- 人生の最期は、①自分の足で歩く、②自分でトイレに行って排泄する、③自分で食べる、という3段階でできなくなって死に至る

第3章のポイント②

◆最初の「自分の足で歩く」が健康寿命を決め、毎日のアキレス腱伸ばしが最も大切

◆脳の活性化には「有酸素運動」が効果的で、定期的なウォーキングで認知機能が向上する

◆80歳で20本の歯を残す「８０２０運動」を進め、口腔ケアに努めることが健康の土台になる

◆人生１００年時代、歯の寿命は60年しかないので、40年のギャップを埋める「健口寿命」を延ばすため、かかりつけ歯科医によるケアとセルフケアにより、歯周病を予防し、オーラルフレイルに注意する

◆世界最大のコホート研究では、「勤勉性」という性格が、キャリアで成功し、幸せな家庭を築き、健康長寿な人に導くことを明らかにした

◆世界の長寿地域「ブルーゾーン」に共通のライフスタイルは、①毎日身体を動かす、②植物性食品で腹八分目、③目標を持ち人とのつながりを持つ

コラム3

自分のやりたい仕事を楽しく続ける！
早瀬《はやせ》 久美《くみ》〈71歳〉

女優、タレント

1951年12月25日、兵庫県神戸市生まれ。66年映画「紀ノ川」で映画デビュー。68年フジテレビ系ドラマ「お嫁さん」で初主演。71年日本テレビ系「おれは男だ！」でヒロイン・吉川君で人気に。80年に結婚し、83年には芸能活動を休止して渡米。91年に帰国し陶芸教室を経営。2002年に芸能活動再開。2017年から八王子FM「早瀬久美のあの日をもう一度」のパーソナリティーを務める。

私が早瀬久美さんに初めてお会いしたのは、起業家仲間で「せかいく」代表の関口真美さんがパーソナリティを務めるラジオ番組に早瀬久美さんがゲスト出演したことをFacebookに投稿していたのを目にして連絡したところ、「久美さんが六本木で開催しているパーティーに一緒に参加しませんか」と誘ってくれたのがご縁です。

パーティーは同世代の人たちを中心に歌と踊りも交えて大変な盛り上がりで、参加している皆さんで本当に楽しいひと時を過ごしました。

久美さんはとても気さくに参加している方々に声をかけていて、私にも歓迎の言葉をいただきました。明るく、健康的な笑顔が印象的です。

かつて夢中になって見ていた森田健作主演の青春ドラマ「おれは男だ！」でマドンナ「吉川君」役を演じていた、憧れの早瀬久美さんとまさか直接、お話しさせていただく日が来るとは。予想もしていなかったことが起こるのが人生です。

久美さんはこうした懇親パーティーのイベントを定期的に開催されていて、とくに誕生日が12月25日クリスマスの日ということで、毎年クリスマスには誕生日会を兼ねた懇親パーティーイベントを開催するのが恒例になっているそうです。

感染症拡大で一時休止していたものの、ようやく対策をしながら再開し始めています。

パーティーでお会いしたご縁からFacebookにて交流が始まり、70代になっても元気に活動されている早瀬久美さんのキャリアの変遷と人生プランを伺いたくてインタビュー取材をさせていただきました。

また、インタビュー後には久美さんがパーソナリティーを務める八王子FMのラジオ番組「早瀬久美のあの日をもう一度」にゲストとして呼んでくださり、約1時間の対談をさせてもらいました。

ここからは、インタビュー取材にて伺った内容です。

――学校を卒業後の職歴と現在の活動を始めるまでの経緯を教えていただけますか？

中学生（神戸山手女子中学校）時代からチヤホヤされて、よく分からないままスカウトされて芸能界に入り、映画デビューをしました。

目の前にある仕事をこなすので精一杯で、あまり深い意味も分からず、無我夢中で取り組んでいた感じです。

「おれは男だ！」でブレイクしてからは猛烈に忙しくなり、本当に何にも考えられなくなりました。

その後、結婚して渡米することになって芸能活動を休止し、サンフランシスコに住んで出産しました。ちょうど日本のバブルの頃にアメリカにいたので、日本とアメリカの違いに驚いていました。

日本人は「平和ボケ」というか、バブル経済に浮かれているのだけど、アメリカにいると、中東・ヨーロッパ・中南米等の戦争や紛争のニュースが毎日のように流されていて、皆が常に危機意識を持っています。

出産の時にも感じましたが、アメリカの医療はシステム化されていてとても合理的です。

不動産取引でもエスクローの制度があって取引内容も透明性があり、リスク管理も徹底されています。アメリカはいろいろなトラブルが起こることを前提に、システムができていると感じます。

それに比べると、日本はトラブルに対する危機感がなく、システムもきちんとできていない気がします。

――現在の仕事・活動に踏み出した経緯はどういうものでしたか？

アメリカでポーセリンドールを学んだことを活かして、1991年に帰国してからアンティークドールの陶芸教室を始めました。

本格的にやっていたので結構、人気が出て忙しくしていました。

素材の粘土から全部ひとりで切り盛りしていたので、ビジネスとして規模を拡大していくのは難しく、今は趣味としてやる程度です。

2002年に芸能界に復帰してからは、クイズ番組やドラマ等に時々、出演しています。

今はラジオのパーソナリティーをメインにしていて、ゲストにいらっしゃる方々から実に多種多様な知識が得られて、その都度、新しい世界が広がっていくのが楽しいです。ゲストは私の知り合いを駆使して、最先端の知識のある方をお呼びしています。そうそうたるメンバーで、そこに私のラジオをやる意義を感じ、誇りに思っています。

――現在の仕事をする上で、自分の「武器」は何でしょうか？

以前の芸能界で活動していた時は忙しくて、わけも分からずに仕事をしていて、自分のやりたいことができなかった。

でも、アメリカから帰国して芸能活動に復帰してからは、自分のやりたいことをやっていて、50代以降はとくに仕事が楽しくなりました。

ラジオの仕事では、ゲストの方から聞く最先端の話に刺激されて、その都度、世界が広がって楽しいことがどんどんアイデアとして出てくる等、仕事を楽しめるのが一番の武器かも知れません。

――起業して長く働けるメリットやデメリットは何ですか？

メリットは自分のペースでやりたいことができることと、何と言っても何歳までも楽しく仕事が続けられることです。

――困ったことや今後の活動における不安はありませんか？

今はとくに困っていることや不安はありません。

――これだけは成し遂げたい「人生のミッション」を教えてください。

自分の気持ちに正直に生きていきたい。ラジオの仕事も楽しいし、YouTubeチャンネルも始めて、新しいことに挑戦するのは楽しいです。

――最後に、読者へ伝えたいメッセージを

早く副業を始めて、長く働ける準備をした方がいい。これからは平均寿命も延びて長く働ける時代だと思います。

第4章

定年後ライフスタイルを考える「珠玉の15選」

この章では、定年後ライフスタイルを考える時に、私が1万2000冊以上のビジネス書の中から最も参考にして取り入れた「**珠玉の15選**」と題して、読者の皆さんにとっても本当に役立つビジネス書を厳選して紹介します。これらの本を講演や研修等で紹介すると受講者や聴衆の皆さんから喜ばれ、大きな反響があります。

今回は最新の書籍も含めて、以下の5つのジャンルに分けて、各ジャンル3冊（著者3人）ずつ、計15冊（著者15人）を挙げていきます。

1. キャリア
2. お金
3. ICT活用・情報発信
4. 健康
5. 人生設計・ライフスタイル

基本的には私が最も影響を受けた代表作を挙げていきますが、その著者が書いた最新書籍も読んだ方が役立つので、併せて紹介をしていきます。

キャリア：生涯現役の働き方（会社員⇒副業⇒フリーランス）

1　『〝終身現役〟で生き抜くための条件』

田中真澄著
ぱるす出版

アメリカのジェロントロジー（老年学）を早くから学び、いずれ人生100年時代が来ること、そのために独立自営の道を歩み、「終身現役」で仕事をすることが充実した人生を送る唯一の方法だと説き、そのための条件を記した書。

著者自らも43歳で勤務していた日本経済新聞社を辞めて、モチベーショナルスピーカー（モチベーションを高める自己啓発系の講演家）として独立自営し、約100冊のビジネス書を出版、延べ7000回をこえる講演を実践しています。87歳の現在も現役として執筆・講演活動を続けています。

私は30代の頃から田中氏の著作を読み続け、「人生100年時代が来ること」「そのために独立自営をして終身現役で働くこと」および「人生の勝負は後半にあること」

を確信するようになりました。

30代の頃からいずれは独立起業して「雇われない働き方」をしようと考えていましたが、子どもの教育費を払えるかという不安や家族の反対もあり、30〜40代では転職にしか踏み切れませんでした。

57歳の時に単身赴任で4社目の会社員として働いていましたが、東京へ戻らねばならない家庭の事情があり、子どもも成長して教育費の目処がほぼ立っていたことから、定年ひとり起業を実践することになりました。前ページに挙げたのは田中真澄氏の最新刊著書ですが、第1章の18ページには何と私の起業体験や著書『定年ひとり起業』（自由国民社）が紹介されています。

憧れの起業家・作家の本で自分のことが紹介されていることを知り、感無量でした。

これまで若い頃から読んできた田中真澄氏の著書で、とくに影響を受け、今でも深く印象に残っている本は次の通りです。

『21世紀は個業の時代—個人企業・自営業・SOHOで自立を!』(ぱるす出版)
『50歳からの定年予備校』(講談社プラスアルファ新書)
『人生の勝負は後半にあり～中高年起業のすすめ～』(ぱるす出版)
『100歳まで働く時代がやってきた』(ぱるす出版)
『良き習慣が創った私の人生—85歳の現役社会教育家が歩んだ道—』(ぱるす出版)

2　『100万人に1人の存在になる方法』
藤原和博著
ダイヤモンド社

藤原和博氏の考え方は第1章でも紹介してきましたが、「クレジットの三角形」理論は多くの人たちのキャリア形成に影響を与えており、私も定年ひとり起業を実践するにあたって、セルフ・ブランディングやビジネスモデルを構築していく時のコアな考え方として取り入れてきました。

藤原氏はもともとリクルートで営業、そしてマネジメントの仕事をしていましたが、全国で初となる公立中学校の校長を公募した際に応募して見事採用され、東京都杉並区立和田中学校の校長を5年間務めて、様々な教育改革を実践しました。

そうした経歴から、異なる専門性を3つ組み合わせることで「オンリーワンの存在」になるという「クレジットの三角形」理論を提唱しました。

1つの専門性を身につけるために通常、1万時間が必要と言われていて、100人に1人という「希少性」が獲得できます。

2つの専門性を身につけて組み合わせると、100分の1×100分の1で1万分の1という「希少性」になります。

これだけだとなかなか食べていくのは難しいのですが、3つ目の専門性として、できればこれまでの2つとは遠く離れた専門性を習得すれば、100分の1×100分の1×100分の1で100万分の1、すなわち100万人に1人しかいない「超レアな存在」となることができて、そうすれば何をやっても食べていける、というのが藤原氏の理論です。

3つの専門家としての信用・信頼を3つ組み合わせるので「クレジットの三角形」理論と名付けたのです。


1つの専門性だけで100万人に1人の存在になろうとすれば、それはオリンピックのメダリスト級だそうです。

才能・努力・環境や運等が揃わないと誰でもできるというものではありません。でも3つの異なる専門性を組み合わせる形であれば、会社員なら誰でもできる、と藤原氏は言います。

実際に彼は44ページの図1―5で示した通り、

①　リクルート流プレゼン営業
②　リクルート流マネジメント
③　教育改革実践

という異なる3つの専門性を組み合わせてオンリーワンの存在になりました。

これは誰にでも可能な「再現可能な方法」で、私も試行錯誤しながら取り入れて、①ビジネス書、②財務戦略、③多彩な発信力という3つの専門性を組み合わせて差別化し、オンリーワンの存在になるセルフ・ブランディングを進めてきました。

１００万人に1人というのは、同年齢・同学年に1人という希少性なので、ライバルがいないという状態を作り出すことができるのです。

藤原和博氏は、他にも数多くの著書を出版していて、私が影響を強く受けた書籍は次の通りです。

『必ず食える1％の人になる方法』（ちくま文庫）
『35歳の教科書―今から始める戦略的人生計画』（ちくま文庫）
『45歳の教科書―モードチェンジのすすめ』（ちくま文庫）
『55歳の教科書 坂の上の坂を生き抜くために』（ちくま文庫）
『60歳からの教科書 お金・家族・死のルール』（朝日新書）
『本を読む人だけが手にするもの』（ちくま文庫）
『10年後、君に仕事はあるのか？』（ちくま文庫）

3 『40代からは「稼ぎ口」を2つにしなさい 年収アップと自由が手に入る働き方』

坂下仁著
ダイヤモンド社

坂下仁氏は本書第1章のコラムでインタビュー記事を掲載した起業家です。
私が起業するタイミングで、そのままの内容を妻に提案して実践した2冊のシリーズ本『**いますぐ妻を社長にしなさい**』および『**とにかく妻を社長にしなさい**』（**ともにサンマーク出版**）は私の人生を変えました。

妻を社長にした合同会社を立ち上げて起業するというスキームはとてもメリットがあり、私はそれを「定年ひとり起業」のタイミングで自分なりにアレンジして活用しました。

妻が社長となって管理部門を統括し、私はその外注先という立場の個人事業主として営業や納品を担うという夫婦の共同事業の形です。

このやり方が我が家にはピッタリで、お互いの苦手分野を補い合いながら、夫婦で協力して事業を行っていくということができました。

研修講師をコアにするビジネスモデルへの転換や執筆書籍の内容を研修プログラムとして構築すること、さらに効果的な設備投資や様々な節税のアイデアを顧問税理士からアドバイスいただく等、夫婦の役割分担がなければどれも実現できなかったことばかりです。

そういう意味で、そのもとになった坂下仁氏の著書は私のビジネスにとって不可欠な存在だったと、いま振り返って実感している次第です。

坂下仁氏は「妻社長シリーズ」2冊の後も、事業をどんどん進化させていて、最新刊『40代からは「稼ぎ口」を2つにしなさい』(坂下仁著・ダイヤモンド社)はその集大成とも言える本で、読み応えがあります。

基本コンセプトは、会社員は40代のうちから「副業」をいろいろ試して「稼ぎ口」を2つ以上にして、その中で本業を上回る感触が得られたら会社を退職して起業する、という「シームレス起業」を推奨するものです。

坂下氏は副業として成功し、「稼げるライフワーク」になるのは以下の3つしかないと述べています。

1．物販ビジネス（ネットオークション、せどり等）
2．賃貸ビジネス（大家業等）
3．情報ビジネス（コンサルタント等）

自ら体験した裏付けがあり、かつコミュニティーの会員が試行錯誤してきた膨大なエビデンスから前述したように結論付けました。

物販と賃貸が簡単でハードルが低いけれども、最終的にはすべての事業は「情報ビジネス」に行きつくと坂下氏は解説しています。情報ビジネスは種類も多く、広がりがあって、これほど奥が深いビジネスはないからです。そして、1．2．のビジネスで成功するためにもノウハウが必要ですが、経験を通してそれらを蓄積し、これから始める人に提供することで情報ビジネスになります。

著者自身の経験やこれまで副業の指導をしてきた協会の仲間たちのビジネスを実際に見てきてそういう結論に達したと言います。

坂下氏は元メガバンクに勤務の銀行員という私との共通点もあり、「お金」の正しい貯め方・増やし方についても情熱を燃やしています。

私も「老後資金の作り方」について、前著『定年ひとり起業　マネー編』にノウハウを詳しく書いたのですが、考え方がほとんど同じで驚きました。冒頭に挙げた最新刊以外に、私が読んで影響を受けた坂下仁氏の著書は以下の通りで、どれもとても役立ちます。

『いますぐ妻を社長にしなさい』（サンマーク出版）
『とにかく妻を社長にしなさい』（サンマーク出版）
『サラリーマンこそプライベートカンパニーをつくりなさい』（フォレスト出版）
『夫婦1年目のお金の教科書　夫婦生活はお金の相性で決まる！』（ダイヤモンド社）

お金：老後資金は60歳から作れる

4

『運用はいっさい無し！ 60歳貯蓄ゼロでも間に合う老後資金のつくり方』

長尾義弘著
徳間書店

長尾義弘氏はファイナンシャルプランナーとして多方面で活躍するマネー本の著者。老後資金の作り方について、私とほとんど考え方が同じです。

その骨子は、以下の通り。

◆ **60歳から老後資金は作れる**
◆ **できるだけ長く（最低70歳まで）働いて、年金を繰り下げ受給する**
◆ **より長生きする女性の年金がとくに重要**

本のタイトルが私の老後資金のつくり方そのものズバリで、出版されて直ちに関心を持って読み、深く感銘を受けました。

長尾氏が実際に老後マネープランの相談を受けた事例をもとに、実際のマネープランについて改善のシミュレーションが掲載されているのです。

夫婦で子ども2人のケースをはじめ、夫婦2人のみ、おひとり様、フリーランスの方等、様々な立場の方で実際の年金額、貯蓄額を90歳時点までのシミュレーションを掲載して解説しています。

この本で、自分に近い立場の人の老後マネープランを参考にして、自分のケースに置き換えて考えることで、多くのヒントが得られるでしょう。

長尾氏は他にも多くのお金に関する本を出版していて、私が読んで影響を受けたのは以下の通りです。

『私の老後 私の年金 このままで大丈夫なの？ 教えてください』（河出書房新社）
『とっくに50代 老後のお金どう作ればいいですか？』（青春新書）
『老後資金は貯めるな！ 60歳から始めればいい安心のマネー術』（河出書房新社）

5 『ビジネスエリートになるための投資家の思考法 The Investor's Thinking』

奥野一成著
ダイヤモンド社

奥野一成氏は、京都大学法学部卒、ロンドンビジネススクール・ファイナンス学修士修了、1992年日本長期信用銀行に入行、長銀証券、UBS証券を経て農林中央金庫に入庫、「長期厳選投資ファンド」の運用を始め、現在は農林中金バリューインベストメンツ株式会社（NVIC）常務取締役兼最高投資責任者（CIO）です。

この本は、人生のフェーズを一段上げるために必要な「自己投資」と「長期投資」という2つの投資に共通する思考行動特性（コンピテンシー）である「インベスターズシンキング（投資家の思考法）」について解説している書です。

私がとくに共感しているのは、お金に困らなくなる2つの方法は、「自己投資」と「長期株式投資」だとしている点。

自己投資については、「ジブン・ポートフォリオ」という考え方を持って、自分の「付加価値」「競争優位性」「長期潮流」は何か？　と常に問い続けることが大切です。

自分資産の大部分が「自らの才能」ではなく「人とのつながり」と気づくこともシニアには必要になります。

また、奥野氏は「そもそも5年後、10年後も今の会社があるかどうか分からない変化の激しい時代に、自分の人生を雇用主に預けること自体、無謀な賭けなのです」と述べています。

長期投資に関しては、顧客・社会が抱える問題を発見・解決するポジショニングを見極めるとして、その土台になる考え方が「インベスターズシンキング」だと説明しています。

顧客にとっての付加価値を特定し、競争優位性を持つことが重要で、事業の経済性とは、

① 付加価値
② 競争優位性
③ 長期潮流

だと解説しています。

この考え方も私とほとんど同じです。

奥野氏の投資に対する考え方は、相場の短期的な上げ下げに左右されない長期的な視点で企業の成長を読むことです。

私自身は老後資金の運用に関しては、「長期」「分散」「積立」で外貨建インデックス投資信託に投資することを基本方針としていますので、個別株の動向はあまり気にしていませんが、どこの国の株式が長期的に価値を上げていくのかという観点では、奥野氏の考え方に共感しています。

さらに「産業バリューチェーンのスマイルカーブに注目する」という視点もまさにその通りだと思います。

「産業バリューチェーン」は、横軸に原材料→部品製造→組立→販売といったように、財・サービスが生産されて顧客に届くまでのプロセスを取ります。縦軸にはそのプロセスにおける付加価値を取り、各プロセスの位置関係を曲線（バリューチェーンカーブ）で結ぶことで、プロセス間における付加価値の相対的な位置を考えるフレームワークができるのです。

このカーブが川上と川下の付加価値が高く、笑っている人の口の形に似ているので「スマイルカーブ」とも呼ばれます。定年ひとり起業でも、①何を（どんな価値を）、②誰に、③どのように提供するかが重要で、それがビジネスモデルの核心です。川上が「何を」で川下が「誰に」になります。詳細に興味ある方はぜひ、この本をお読みください。

奥野一成氏のその他著書で私が参考にしたのは以下の通りです。

『ビジネスエリートになるための教養としての投資』（ダイヤモンド社）
『人生１００年、豊かに生きるための長期投資の教科書』（ニューズピックス）

6 『DIE WITH ZERO 人生が豊かになりすぎる究極のルール』

ビル・パーキンス著
ダイヤモンド社

この本は、節約をしてお金を貯めたり、投資してお金を増やしたりするだけではなく、お金を使い切ってこそ幸せな人生を送ることができると説いているユニークな本です。

冒頭にある「人生の充実度を高めるのは、『そのときどきに相応しい経験』なのだ。時間と金という限りある資源を、いつ、何に使うか。この重要な決断を下すことで、私たちは豊かな人生を送れるのである」という著者の言葉に、私は心から共感しました。

とくにビル・パーキンス氏が強調しているのが、「一生残る『経験の価値』を信じること」、「人生で何を経験したいのかを真剣に考えること」、そして「人生で一番大切な仕事は思い出作り」ということです。

さらに、金から価値を引き出す能力は年齢とともに低下するため、「金」「健康」「時間」のバランスが人生の満足度を高めると説明しています。

つまり、金だけではなく、健康と時間を重視することが人生の満足度を上げるコツなのです。

したがって、「富の最大化ではなく、人生の喜びを最大化する」ことが重要なのです。私たちが考えているほどは老後にお金はかからないとも述べています。確かに日本人は老後のお金に必要以上に不安を抱いているのかも知れません。

寿命がいつ尽きるのかが、分からないため、「ゼロで死ぬ」というのは難しいことですが、死ぬ瞬間に資産が最大になるという多くの日本人高齢者の生き方は「人生の幸福度」という観点からは見直すべきかも知れません。

ビル・パーキンス氏の著書ではありませんが、同書の中で紹介されている以下の書籍も併せて読むことをお薦めします。

『お金か人生か 給料がなくても豊かになれる9ステップ』（ヴィッキー・ロビン他・ダイヤモンド社）
『死ぬ瞬間の5つの後悔』（ブロニーウェア・新潮社）

情報発信・ICT活用：定年後は情報発信による「つながり」が必須

7 『起業メンタル大全』

立花岳志著
自由国民社

この本は、著者自身が独立・起業して試行錯誤しながら確立してきた「起業家に必要なメンタル」を網羅的に書いたものです。

立花岳志氏は、『定年ひとり起業　マネー編』のコラムでも紹介した起業家です。

1969年東京都生まれ、会社員の傍ら始めたブログが人気を博し2011年に「プロブロガー」として独立、ブログ「No Second Life」は月間160万PV、年間1000万PVを記録、ブログを中核とした個人の情報発信を強みに、9冊の書籍を出版する、ひとりビジネス・情報発信・習慣化コンサルタント、ブロガー、心理カウンセラーで、あまてらす株式会社代表取締役を務めています。

私は起業する前に、『ノマドワーカーという生き方』（東洋経済新報社）という本を読んで、ブログの可能性を確信して立花氏のブログ・セミナーを受講したのが出会いです。

その時は広島に単身赴任をしている会社員だったので、比較的近い福岡で開催されたセミナーに参加したのです。その後、東京でもセミナー、個人コンサルティング、連続講座である「ブログ・ブランディング塾」（通称「B塾」）の受講を通じて、ブログによる情報発信とブランディングのやり方を学び、自分なりにアレンジしてスキルを磨いてきました。

私が起業をするにあたっての最大の「リスキリング」はブログを活用した情報発信とブランディングです。

今まであまり書いたことも話したこともないのですが、ファミリーカンパニーの

「合同会社ノマド&ブランディング」という社名は、起業する準備のタイミングで、立花氏の著書『ノマドワーカーという生き方』と「ブログ・ブランディング塾」に、大きな影響を受けていたので、そこから触発されて浮かんできた名前です。「ノマドワーキングをしながらブログで自由に情報発信をして、セルフ・ブランディングをしてビジネスを立ち上げよう」という思いを込めた社名です。

さて、立花氏の『**起業メンタル大全**』（**自由国民社**）ですが、私が受講してきた数回のセミナー、個人コンサルティング、連続講座「ブログ・ブランディング塾（B塾）」で学んだほとんどすべての内容が書かれています。とくに、独立起業に向けた「情報発信全部戦略」は私も実践して成果を出した方法で参考になります。ブログに情報を集約しながらSNSは全部使って、多くの層に発信していくのです。

◆大杉潤（研修講師、経営コンサルタント、ビジネス書作家）

最後の第8章には「起業すれば人生は変わる」というタイトルで、以下の5人の起業家へのインタビューが掲載されています。

◆税所伸彦（寿司店「銀座さいしょ」オーナー店主）

◆廣島真智子（株式会社Fun Live 代表取締役社長）

◆まごめじゅん（臨床分子栄養医学研究会 指導認定カウンセラー）

◆山村聡（銀座有楽町内科院長・医師）

私はともかくとして、他の4名の起業家インタビューは本当に参考になります。立花岳志氏のその他の著書で、私が読んで影響を受けたものは次の通りです。

『「好き」と「ネット」を接続すると、あなたに「お金」が降ってくる』（サンマーク出版）

『サラリーマンだけが知らない好きなことだけして食っていくための29の方法』（大和書房）

『クラウド版 デッドライン仕事術』（吉越浩一郎との共著・東洋経済新報社）

『ノマドワーカーという生き方』（東洋経済新報社）

8 『カンタンに売れるのになぜYouTubeをやらないんですか!?』

鴨頭嘉人著
かも出版

この本は、2020年2月11日に私がYouTubeチャンネルを開設して動画による情報発信を開始するきっかけになった本です。

著者の鴨頭嘉人氏は、高校卒業後、東京に引っ越し、19歳で日本マクドナルド株式会社にアルバイトで入社、23歳で正社員になり、30歳で店長に昇進、33歳で最優秀店長として表彰されるなど活躍、2010年に独立して、現在はYouTuberとしての総合力を身につける学校「ビジネスYouTuberの学校」を設立・運営する大人気のYouTube講演家です。

YouTubeというプラットフォームが当初ブレイクした時期は、アダルト系、過激なコンテンツ系、エンターテイメント系、教育系が主流で、ビジネスで活用されることはほぼありませんでした。

そんな中で、鴨頭氏は早くから「今後はビジネスYouTuberがブレイクする」と予測し、多くの動画をアップし続けていたと言います。この本は２０２０年１月の出版ですが、その後の展開は彼の予想した通りになりました。

５Ｇ通信によって動画視聴のストレスがなくなり、多くの中高年層が動画でニュース視聴、ビジネス情報の収集を行うようになり、人気のビジネスYouTuberやビジネス系チャンネルが次々に誕生しています。

この本では、YouTubeでチャンネル登録者数や動画再生回数を増やすために、以下の７つのポイントを挙げています。

1. 週に2本以上動画をアップする
2. オープニング（最初の15秒）で興味を引く
3. 効果的なエンディングスクリーンを作る（視聴者に行動を促す）
4. 長い動画もアップする
5. YouTube Liveを活用する

私がとくに関心を持った点は、「動画をアップし続けていれば、いつか世界が変わる」という著者の主張です。

6．他のYouTuberとコラボする

7．伸びているチャンネルを研究する

動画をネット上に置いておきさえすれば、何かのタイミングで再生されることがあり、そこから爆発的な拡散が起こって「世界が変わる」ということです。

そういう意味では、YouTubeチャンネルはブログと同じ「ストック型メディア」なのです。YouTubeはGoogleの傘下に入ったので、検索でYouTube動画を戦略的に上位に表示する潮流もあり、今後は起業家にとってYouTube動画による情報発信が不可欠になる、と私は見ています。

ビジネスYouTubeに関しては、鴨頭氏の著書の出版後、めまぐるしく状況が変化しているため、私がその後に読んだ以下の本も併せて推薦しておきます。

『会社の売上を爆上げするYouTube集客の教科書』（大原昌人著・自由国民社）
『世界一やさしいブログ×YouTubeの教科書1年生』（染谷昌利・木村博史著・ソーテック社）

9 『超高齢社会2.0』

檜山敦著
平凡社新書

この本は、新しいシニア就労の形である「モザイク型就労」（フルタイムではなく、体力面・健康面の制約に合わせて特定の日時だけ就労する高齢者をモザイクのように組み合わせてシフトを組む就労形態）とそれを実現するICTを紹介し、「高齢者クラウド」の研究開発現場からの速報とビジネス化へ向けた考察をまとめ、持続可能な超高齢社会ができあがることで開かれる明るい未来のビジョンを描いている書です。

著者の檜山敦氏は、1978年熊本県生まれ、東京大学工学部卒、同大学院工学系研究科博士課程修了、複合現実感やヒューマンインターフェースを専門として、超高齢社会をICTで拡張するジェロンテクノロジーの研究に取り組み、東京大学先端科学技術研究センター特任准教授、理化学研究所革新知能統合研究センターチームリーダーを経て、現在は工学博士、一橋大学ソーシャル・データサイエンス教育研究推進センター教授、東京大学先端科学技術研究センター特任教授です。

第2章でもこの本の骨子を紹介しましたが、私がとくに共感し、感銘を受けた点は以下の通りです。

◆前期高齢者（65歳〜74歳）と後期高齢者（75歳以上）とは身体的健康がまったく異なる

◆前期高齢者の95％、後期高齢者の70％はアクティブシニア

◆ターマン博士の「社会とのつながりが多い人の寿命が長い」との研究

◆就労や社会参加が長寿につながるサクセスフルエイジングのポイント

◆ＩＣＴを活用した新しい働き方を提供する企業、ＩＣＴはシニアと親和性の高い働き方

◆アクティブシニアからスマートシニアへ（「新老人の会」スマートシニア・アソシエーション　牧壮代表）

◆ モザイク型就労（①時間モザイク、②空間モザイク、③スキルモザイク）
◆ 時間モザイクは、ゲーム要素を加える（ゲーミフィケーション）
◆ 空間モザイクは、ネットワークやロボットを活用した遠隔講習、若者を見守る就労
◆ スキルモザイクは、仕事とシニア人材のジョブマッチング
◆ ジョブコーディネーターの暗黙知をAIが学習するシステム
◆ シニア層の働き方は「雇用」の概念とは異なる働き方に（フリーランス、インディペンデント・コントラクター）
◆ ICTの活用でロングテール市場のシニア労働力を「生きがい就労」にマッチング
◆ アクティブシニアを超アクティブシニア化するアプローチ
◆ 高齢者クラウドで変わる定年後ライフスタイル

また、この本で紹介され、第2章コラムでも登場している牧 壮 氏に関連する以下の書籍も併せて紹介します。

『もし波平が77歳だったら？』（近藤昇著・カナリアコミュニケーションズ）
『もし波平が85歳になったら？』（近藤昇ほか著・カナリアコミュニケーションズ）

『人生100年 シニアよ、新デジタル時代を共に生きよう!』
（牧壮著・カナリアコミュニケーションズ）

健康：認知症・フレイルにならない習慣

10
『80歳の壁』

和田秀樹著
幻冬舎新書

著者の和田秀樹氏は、1960年大阪府生まれ、東京大学医学部卒、東京大学医学部付属病院精神神経科助手、米国カール・メニンガー精神医学学校国際フェローを経て、現在は精神科医、国際医療福祉大学大学院教授、川崎幸病院精神科顧問、和田秀樹こころと体のクリニック院長で、30年以上にわたり、高齢者医療の現場に携わり、延べ6000人をこえる高齢者の診察を行っていて、高齢者専門の精神科医として圧倒的な臨床経験を積んでおられます。

この本は、第3章で紹介した35万部をこえるベストセラー『70歳が老化の分かれ道』

（詩想社新書、２０２１年）に続いて刊行されたベストセラーで、日本経済新聞の書評欄によれば、「２０２２年に最も売れたビジネス書」となっています。

私は両方の本を続けて読み、ブログに書評記事もアップしましたが、両方の書籍で読者に伝えたいコンセプトは共通で、「70歳から80歳の過ごし方が、80歳の壁をこえて、健康で幸せな人生を過ごせるかどうかを決定する」ということです。

認知症の発症率は80代以降に急激に上昇し、老化による衰弱・筋肉の衰えであるフレイルも個人差はあるが80代に一気に進むということです。

つまり、本書では「80歳からの人生は、70代とはまるで違う」「生老病死の大きな壁が、怒涛のように押し寄せてくる」と述べているのです。

では、どうしたら80歳の壁をこえることができるのでしょうか?

和田氏は、高齢者は「80歳の壁」をこえたら幸せな20年間を過ごせる「幸齢者」だとして、壁をこえるために知っておくべきポイントを以下の通り、挙げています。

◆薬・食事・興味あることへの我慢をやめる、身体の声を素直に聞くのが一番の健康法
◆肉をしっかり食べる人は男性ホルモンの材料になるコレステロールを取るから元気
◆昔との引き算で考えない、差を考えると不幸になる
◆認知症の進行を遅らせるには、身体と頭をどんどん動かすこと
◆認知症になっても、生きる力、生き抜く知恵は残っている
◆１日30分歩くのが理想的
◆血圧、血糖値は下げなくていい
◆好きなことをする、嫌なことはしない
◆脳トレよりも楽しいことが脳にはいい
◆病院は「かかりつけ医」を決めておく
◆学びをやめたら年老いる
◆散歩等をしてもっと光を、脳は光でご機嫌になる
◆「リラックスの呼吸」で老い退治

これらのポイントは和田氏の他の著書にも共通で書かれており、それだけ70歳から80歳の過ごし方が重要なポイントになるためだと思われます。

私自身の経験でも納得できることが多く、60代のうちから実践しておきたいことが数多くあります。

和田秀樹氏はその後も次々と同じコンセプトの本を出版されています。私が読んで参考にしている主な著書を以下に挙げておきます。

『70歳が老化の分かれ道』（詩想社新書）
『70歳の正解』（幻冬舎新書）
『六十代と七十代 心と体の整え方』（バジリコ）
『70歳からの老けない生き方』（リベラル社）
『70代で死ぬ人、80代でも元気な人』（マガジンハウス新書）
『80歳の超え方 老いは怖くないが、面倒くさい』（廣済堂新書）
『70代からの元気力』（三笠書房）

『70歳から一気に老化する人しない人』（プレジデント社）
『70代、80代を楽しむためにこれだけは知っておこう！』（かや書房ワイド新書）

11 『一生稼げる脳の作り方 定年に縛られずに自由に生きていく「お金」と「健康」と「働き方」の話』

長谷川嘉哉著
KADOKAWA

この本も第3章にて詳しく紹介しました。

著者の長谷川嘉哉氏は、１９６６年生まれ、名古屋市立大学医学部卒業、医学博士で、日本老年病学会専門医、さらにファイナンシャルプランナー資格を持ち、病気だけでなく生活、家族も診るライフドクターとして、地方のクリニックでありながら、在宅医療では開業以来、５万件以上の訪問診療、５００人以上の在宅看取りを実践し、現在は医療法人ブレイングループ理事長として、在宅生活を医療・介護・福祉のあらゆる分野で支えるサービスを展開しています。

長谷川氏は、「老後資金を増やす最も確実な方法」として、「生涯現役で一生稼ぐ」ことを提唱しています。

そして、一生稼ぎ続けるためには「脳」が超重要だとして、脳の仕組みと「お金」に対する意欲にフォーカスして解説しています。

主なポイントは以下の通りです。

◆五感に刺激を与え、偏桃体に刺激を与えて意欲と感情を呼び起こす
◆働く意欲を持ち続ければ、脳の老化は防げる
◆物事が続かないのは「快」の刺激を与えていないから
◆お金は意欲の象徴
◆金銭感覚に無関心な人ほど認知症を発症しやすい

さらにお金への意欲を失わないための5つの習慣を以下の通り挙げています。

1. お金は銀行の窓口ではなく、ＡＴＭでおろす
2. 財布に小銭を溜めない
3. 「数字」を意識して買い物をする
4. 「5つの現状」（＝通帳・印鑑の場所、預貯金額、保険・年金の額、財布の中、月

の出費）を把握する

5．夫婦でお金の管理をする

ＡＴＭ操作をするのは、数字を意識して手を動かすことが脳を刺激するためで、小銭を溜めないのは支払いの都度、脳を使って金額と小銭を確認する習慣を続けるためです。

買い物では常に数字を意識し、お金の出入りを意識的に管理する行動が脳を活性化して意欲を減退させないコツなのです。

長谷川氏は、ファイナンシャルプランナー資格も持つ認知症専門医として、ライフドクターという珍しい立場で、多くの認知症患者のライフプランをサポートしています。他にも次のような著書があり、お薦めです。

『一生使える脳 専門医が教える40代からの新健康常識』（ＰＨＰ新書）

『ボケ日和－わが家に認知症がやって来た！ どうする？どうなる？』（かんき出版）

『認知症専門医が教える！脳の老化を止めたければ歯を守りなさい！』（かんき出版）

12 『The Blue Zones（ブルーゾーン）2nd Edition』

ダン・ビュイトナー著
祥伝社

この本も第3章にて概要を紹介しました。

ここでは、「ブルーゾーン（Blue Zones）」と呼ばれる5つの地域ごとに、どのようなライフスタイルの特徴があるかを紹介します。

まず、サルデーニャ島（イタリア）の人々のライフスタイルの特徴は以下の通り。

◆伝統的な食事（豆類、野菜、全粒粉パン、果物、チーズ）
◆家族を第一に、ストレスの少ない生活、年長者を祝う
◆羊飼い等は1日8マイル歩く
◆毎日、グラス1～2杯の赤ワインを飲む、ヤギのミルクを飲む

◆ 友達と笑い合う

2番目の沖縄（日本）の人々のライフスタイルの特徴は以下の通り。

◆ 植物ベースの食事、大豆料理、野菜、さつまいも、ゴーヤ、豆腐を炒めた健康食
◆「モアイ」という伝統的な社会的ネットワークを維持し、生きがいを抱く
◆ 日光を定期的に浴びて、ガーデニングを楽しむ、家具が少なく自然と動く生活
◆ ヨモギ、ショウガ、ウコン等を育て、薬効が証明されている物を食べる
◆ 単純な喜びを楽しみ、苦難を和らげ、親しみやすい態度

3番目のロマリンダ（米国カリフォルニア州）の人々のライフスタイルの特徴は次の通りです。

◆ 適度に肉を食べ、ナッツ、果物、野菜の食事を取る
◆ 早めに軽めの夕食、たくさん水を飲む
◆ 適度な運動を定期的に行う
◆ 価値観を共有し、お互いに習慣をサポートし合う

4番目のニコヤ半島（コスタリカ）の人々のライフスタイルの特徴は以下の通りです。

- ◆**強い目標意識と前向きな見方**
- ◆**トウモロコシと豆の伝統的な食事、軽い夕食、硬水を飲む**
- ◆**定期的な日光浴（毎日15分）**
- ◆**生涯を通じて肉体労働**
- ◆**家族を大切にし、ソーシャルネットワークを維持して、笑い、感謝する**

最後5番目のイカリア島（ギリシャ）の人々のライフスタイルの特徴は次の通り。

- ◆**地中海料理（果物、野菜、全粒穀物・豆、ジャガイモ、オリーブオイル）**
- ◆**無意識の運動（ガーデニング、散歩）**
- ◆**ハーブ、ヤギのミルク、断食や昼寝の習慣**
- ◆**家族や友人等社会的なつながりを育む**

これら5つの「ブルーゾーン」に共通するライフスタイルを、以下の「9つのパワ」に整理して、個人として取り入れるレッスンとして提示・説明しています。

1. 自然に動く（Move Naturally）
2. 腹八分（Hara Hachi Bu）
3. 植物に傾斜（Plant Slant）
4. 赤ワイン（Grapes of Life）
5. 目的・計画を立てる（Purpose Now）
6. ダウンシフト（Downshift）
7. 所属する（Belong）
8. 愛する人最優先（Loved Ones First）
9. 価値観を共有する人のつながり（Right Tribe）

農作業や牧畜等では自然に身体を動かすことになりますし、周囲と隔絶された島や半島という地理的な要因からも自給自足に近いライフスタイルが伝統的に培われ、家族や仲間は協力し合って生活するようになったために生まれたパワーです。

個人としても、これらのエッセンスを自らの生活習慣に取り入れることで、原始人がもともと持っていた人間が生き延びる上で大切なパワーを誰もが蘇らせることができるという教えです。

これ以外にも、第3章で引用・紹介した書籍はいずれも私が健康管理について大いに参考にして実践している本なので、以下に再度まとめて記載しておきます。

『脳は若返る』（茂木健一郎著・リベラル新書）
『体温を上げると健康になる』（齋藤真嗣著・サンマーク文庫）
『〝歩く力〟を落とさない！新しい「足」のトリセツ』（下北沢病院医師団著・日経BP）
『運動脳』（アンデシュ・ハンセン著・サンマーク出版）
『人生100年時代 歯を長持ちさせる鉄則（ルール） 健口と健康の3原則』（魚田真弘著・クロスメディア・パブリッシング）
『長寿と性格』（ハワード・S・フリードマン、レスリー・R・マーティン著・清流出版）

『真面目な人は長生きする 八十年にわたる寿命研究が解き明かす驚愕の真実』

（岡田尊司著・幻冬舎新書）

人生設計・ライフスタイル：幸福学・つながりをベースとした人生設計

13 『幸せのメカニズム 実践・幸福学入門』

前野隆司著
講談社現代新書

この本は、私が「幸福学」に出会った本で、2013年に出版され、今も売れ続けて版を重ねている名著です。

前野隆司氏は、1962年山口生まれ。広島育ち。84年東工大卒。86年東工大修士課程修了、キヤノン株式会社、カリフォルニア大学バークレー校客員研究員、慶應義塾大学理工学部教授、ハーバード大学客員教授等を経て、2008年より慶應義塾大学大学院システムデザイン・マネジメント（SDM）研究科教授。2017年より慶應義塾大学ウェルビーイングリサーチセ

図4－1　幸福学が解明した「幸せの四つの因子」

やってみよう 自己実現と成長の因子	夢、目標、強み、成長、自己肯定感
ありがとう つながりと感謝の因子	感謝、利他、許容、承認、信頼、尊敬、自己有用感
なんとかなる 前向きと楽観の因子	前向き、楽観性、自己受容
ありのままに 独立とあなたらしさの因子	独立、自分らしさ

（出典）前野隆司『実践ポジティブ心理学 幸せのサイエンス』（PHP新書）および
前野隆司『幸せのメカニズム 実践・幸福学入門』（講談社現代新書）

ンター長を兼任しています。

前野氏との出会いは、2018年に出版した私の2冊目の著書『定年後不安 人生100年時代の生き方』（角川新書）にて、『幸せのメカニズム 実践・幸福学入門』（前野隆司・講談社現代新書）を紹介したことからイベント会場で声をかけてくださり、お話しさせていただいたことです。

この本に紹介されている前野教授の研究成果である「幸せの四つの因子」に強く共感し、定年後の人生設計はぜひ「幸福学」の考え方をベースに作るべきだと本の中で提唱させていただきました。

幸福学はもともとアメリカで発達したポジティブ心理学をもとにしていますが、この幸せの四つの因子は、日本人を調査対象にして調査を重ね、因子分析によって導き出した幸福学の結論で、次の4つからなっています（図4―1参照）。

1．やってみよう（自己実現と成長の因子）
2．ありがとう（つながりと感謝の因子）
3．なんとかなる（前向きと楽観の因子）
4．ありのままに（独立とあなたらしさの因子）

この4つの因子を持った気持ちでいる人は幸福度が高く、健康長寿であるとデータで確認されています。

こうした幸福学の考え方に基づいて、私はトリプルキャリアという人生設計を提唱、とくに最後3番目のサードキャリアでは、自分が好きなことを仕事にするライフワークで生涯現役、生涯貢献のライフスタイルを目指すことが、人生の幸福度を最大化す

図4－2　IKIGAI ベン図＝「稼げるライフワーク」

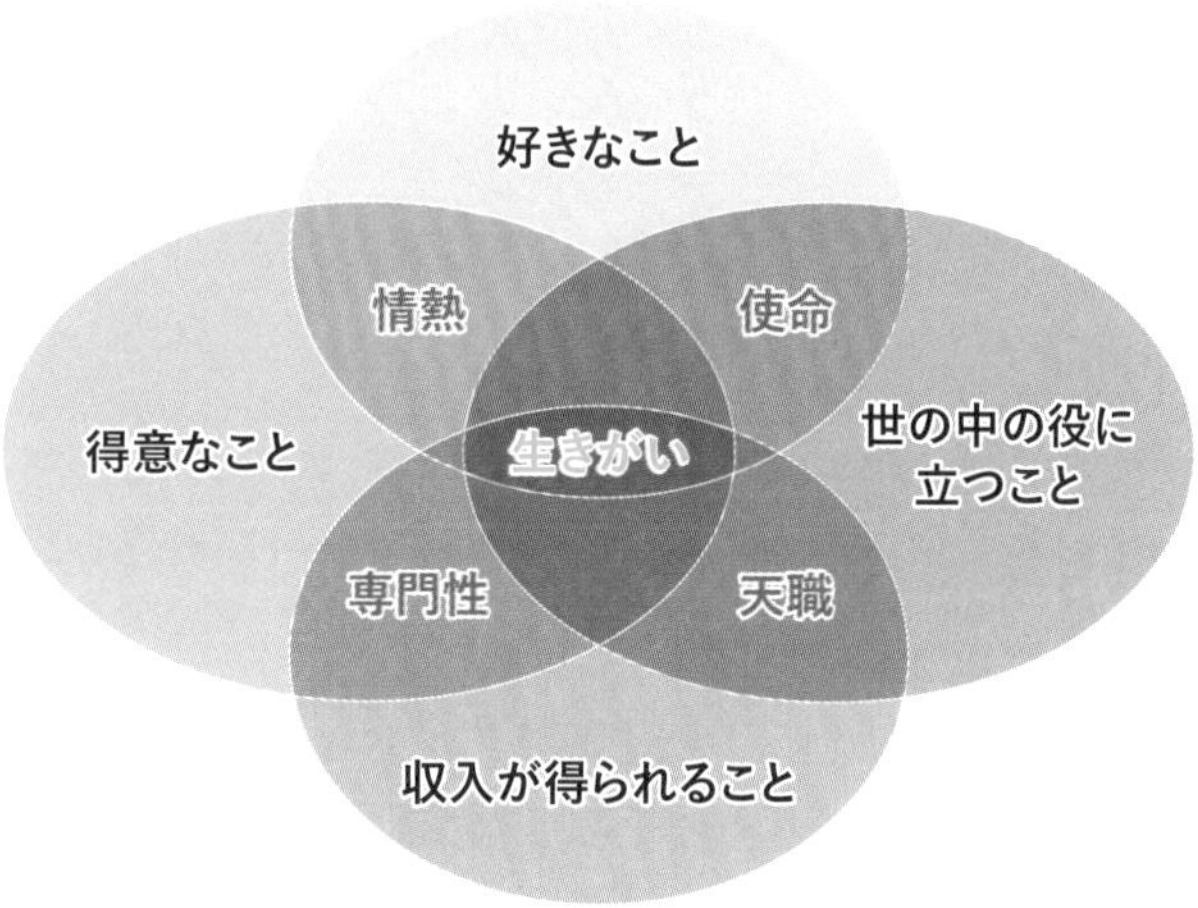

ると考えているのです。

もう1冊、前野氏と星渉氏との共著『99・9％は幸せの素人』（KADOKAWA）からも大きな影響を受けました。

同書に紹介されているIKIGAIベン図です。（図4―2参照）

これも第1章で紹介しましたが、「好きなこと」「得意なこと」「収入が得られること」「世の中の役に立つこと」の4つが重なる部分が「IKIGAI」（＝生きがい）という図で、主に欧州の知識層の間で広がって、米国経由で日本にも入って来たそうです。

その他にも前野氏には多くの著書がありますが、私が読んで実践している本を以下に挙げておきます。

『99・9%は幸せの素人』（星渉氏との共著・KADOKAWA）
『実践ポジティブ心理学 幸せのサイエンス』（PHP新書）
『幸せの日本論 日本人という謎を解く』（角川新書）

14 『幸福の習慣』

トム・ラス他著
ディスカヴァー・トゥエンティワン

この本は、世界最大の世論調査会社である米国ギャラップ社が50年以上に及ぶ幸福の調査・研究で分かった「充実した人生を実現する確かな方法」として、世界150カ国調査で共通する「5つの要素」を明らかにし、解説しているものです。

ギャラップ社は当初、「お金」と「健康」の2つが重要だと見なす傾向がある、と分析していました。

それは、お金と健康の2つの要素は、収入や体重、血圧といった数値で把握できるので、長期的に計測し変化を見ることができるためです。

一方で、仕事のキャリアの良し悪しや人間関係の健全さを数値として測るための標準的な方法がなかったことによります。

そこで同社では、これまで実施した世論調査やインタビュー調査から、様々な人生の局面における幸福を計測できる質問項目を選りすぐってアセスメントを作成し、50年に及ぶ「幸福研究」の集大成として以下の通り、人の幸福を決定する「5つの要素」を導き出したのです。

1. 仕事の幸福：仕事に情熱を持って取り組んでいる
2. 人間関係の幸福：良い人間関係を築いている
3. 経済的な幸福：経済的に安定している
4. 身体の幸福：身心ともに健康でイキイキとしている

図4－3　**ギャラップ社による５０年に及ぶ「幸福研究」**

世界150カ国調査で分かった「人の幸福を決定する5つの要素」

仕事の幸福	・仕事に情熱を持って取り組んでいる
人間関係の幸福	・良い人間関係を築いている
経済的な幸福	・経済的に安定している
身体の幸福	・身心ともに健康でイキイキしている
地域社会の幸福	・地域社会に貢献している

（出典）『幸福の習慣 Well-Being』（ディスカヴァー・トゥエンティワン）

5．地域社会の幸福：地域社会に貢献している

これら５つの要素は世界１５０ヵ国で共通のものでした。

そして、全体的な「人生の幸福」を考えた時に、最初に挙げた「仕事の幸福」は５つの要素の中でも、最も重要で根幹をなすものだ、と著者は述べています。

それは、「最も多くの時間を費やすこと」がその人を作り上げるからです。

ギャラップ社の「幸福度調査」では、仕事の幸福度が高い人は、そうでない人に比べて「自分は素晴らしい人生を送っている」と思う割合が2倍も高いそうです。

また、アメリカの経済誌『エコノミック・ジャーナル』に掲載された、失業に関する研究結果として、人生の大きな出来事（結婚、離婚、子どもの誕生等）が長期にわたって人生の満足度にどのような影響を与えるかということについて、13万人の被験者を数十年間にわたって追跡調査したものがあります。

この研究の結果、幸福に最も大きな影響を与える出来事は「長期にわたる失業」でした。

1年以上続く失業のダメージは大きく、長期的な影響は「配偶者の死」を上回る結果となりました。

また、ギャラップ社の創設者ジョージ・ギャラップが1958年に行った調査では、人が90歳以上まで長生きできるかどうかは「仕事の幸福」次第であることが明らかになっています。

この調査は、95歳以上のアメリカ人を何百万人もインタビューしたもので、1950年代のアメリカ人では、男性は平均65歳でリタイアしていましたが、95歳以上まで長生きしている人は、平均80歳まで働いていました。

そのうち、何と93％は「仕事に非常に満足していた」、86％は「仕事がとても楽しかった」と答えていたそうです。

では「仕事の幸福度」を高めるにはどうすればいいか。

同書では、以下の「3つの習慣」を提唱しています。

1．自分の強みを毎日活かせるように仕事を組み立てる

2．自分の成長を応援してくれる人を見つけ、その人に自分の目標を伝えて、サポートしてもらう

3．職場の仲間、チームメンバーと一緒に楽しむ時間を持ち、お互いに相手に関心を持って知ろうと努める

2番目の「人間関係の幸福」については、「幸福は人から人へと感染する」と著者は言います。

ハーバード大学が1万2000人を対象に、30年以上にわたって追跡した研究によれば、以下のことが言えるそうです。

◆日々接している家族や住人が幸せを感じていると、自分の幸福度は15％高まる

◆友人Aの友人Bが幸せを感じていると、Bを知らなくても、Bの幸せがAに影響して、自分の幸福度は10％高まる

◆友人Aの友人Bの家族Cが幸せを感じると、B、Cを通して、自分の幸福度は6％高まる

幸福度6％のアップがどれほどかイメージできない人が多いでしょうが、同じハーバード大学の調査では、年収が1万ドル（約130万円）増えても、幸福度は2％アップするのみです。

つまり幸せになりたいなら、収入を増やすよりも、よき家族や友人との関係を強める方が効果的、ということです。

言い換えると、周囲の人の幸福を高めるためになるような「投資」をすると、確実に「リターン」が得られる、と言えます。

自分の周りの人々のために何かをすることは、実は自分自身の幸福をより高めるために非常に効果的なのです。

また、毎日6時間以上人と関わる時間を持っていると、幸福度が上がり、ストレスや不安は小さくなる、とこの本では解説しています。

この6時間には、仕事をしている時間や家で過ごしている時間、友達と話している時間、電話やメールをしている時間等のコミュニケーションの時間が含まれます。

また、「職場に最高の友人と呼べる人がいますか?」という質問に「はい」と答えた人は、熱意を持って仕事に取り組める可能性が12倍も高い、という調査結果が出ています。

3番目の「経済的な幸福」については、年収や資産が少なくても、自分の収入と支出を自分で決めてコントロールし、「何か欲しいものがあったら買えるし、やりたいことがあったらできる」と感じている人は、幸福度が高い、と著者は説明しています。

4番目の「身体の幸福」については、健康によい食事と定期的な運動に加え、睡眠がとても大切な役割を担っている、とこの本では述べています。夜の睡眠はリセットボタンのようなもので、その日のストレスを消去してくれます。

十分な睡眠には7～8時間が必要と言われていて、それより多すぎても少なすぎても、健康、記憶、美容、幸福度等あらゆる観点からよくないそうです。

最後に5番目の「地域社会の幸福」については、意外に思う方が多いのですが、水や空気のような、生きる上で必要不可欠なものの安全性が十分確保されていないと、人生に重大な悪影響を与えます。

誰かのために役立つ行動をして社会とつながりができると、自己中心的な世界に風穴が開き、重苦しい気持ちから解放される、と著者は言います。

15 『定年NEXT～「繋ぐシニア」24人のロールモデルに学ぶ』

池口武志著
廣済堂新書

この本は、「60歳定年は引退を意味するのではなく、すでに『定年再雇用への変更』や『自律した職業人生への転換点』へと大きく変貌を遂げている」と述べて、「変貌するシニアの働き方」を24人のロールモデル事例を通して描いている書です。

著者の池口武志氏は、1963年京都府生まれ、同志社大学経済学部を卒業後、生命保険会社へ入社、ジェネラリストとして様々な業務を体験し、本部と販売現場の両面で管理職として多様な職種の人材育成に携わって、2016年より人材育成支援サービスを行う株式会社星和ビジネスリンクへ出向してキャリア研修の企画・販売に従事、現在は一般社団法人「定年後研究所」所長、キャリアコンサルタントとして活躍されています。

本書のコンセプトは、「定年」というのは引退ではなく、現実にはキャリア人生の後半に向けたスタート地点になっている「定年ＮＥＸＴ」という意識のもとで、異質な世界で、自ら培った経験や人脈、その人が持つ人間性を駆使して「お役に立つ不可欠な存在」として、また、何かと何かを繋ぎ、新しい付加価値を創造する「リエゾン」（架け橋）シニアとして活躍している24人の生き方、働き方に学び、未来を切り拓くための指南書です。

この本の冒頭で著者は、「ミドルシニア期以降もイキイキとお仕事を続けられている多彩なリエゾン（架け橋）シニア」はいずれの方も自らの意思で自らの人生を切り開く「自走人生」を歩まれている、と述べています。

24人のロールモデルの7番目に、私 大杉潤も取材を受けて紹介されています。

会社員として長く働いてきた人たちが実際にどのような定年後の人生設計を作って活動しているかが具体的に分かり、参考になります。興味ある方はぜひ、一読をお勧めします。

池口氏の最新刊著書および、その他に定年後の生き方、働き方の事例や指針が紹介されている良書を以下に挙げておきます。

『人生の頂点（ピーク）は定年後』（池口武志著・青春新書）

『「定年後」のつくり方～50代から始める「自走人生」のすすめ』（得丸英司著・廣済堂新書）

『おじさんの定年前の準備、定年後のスタート～今こそプロティアン・ライフキャリア実践！～』（金澤美冬著・総合法令出版）

第5章

夢に向かう構想が描けるデュアルライフの醍醐味

大橋巨泉のライフスタイルに憧れて

私は、2019年7月から静岡県・伊豆と埼玉県・さいたま市とのデュアルライフ（2拠点生活）をしています。

感染症が発生・拡大する前に「第2の拠点」を伊豆に構えていたのは本当に幸運でした。

こうしたライフスタイルを始めることにした原点は、若い時から「**大橋巨泉のライフスタイル**」に憧れを持っていたからです。

巨泉氏は早稲田大学政治経済学部の先輩（巨泉氏は新聞学科を中退、私は経済学科卒）で、著名なTV司会者として「11PM」、「クイズダービー」「世界まるごとハウマッチ」等の人気番組を持つ多忙なタレントでしたが、56歳の時に突然、「**セミリタイア宣言**」をして、以下のような4カ国のベストシーズンを満喫する「**ひまわり生活**」を実践しました。

◆4月～5月：日本
◆6月～9月中旬：カナダ
◆9月中旬～10月：日本
◆11月（4週間）：オーストラリア
◆12月～3月初め：ニュージーランド
◆3月（3週間）：オーストラリア

巨泉氏の人生の優先順位は、

①**健康**
②**パートナー**
③**趣味**
④**財政**

ということで、健康にいい温暖な気候と太陽を求める「ひまわり」のような生活ということで、ひまわり生活と名付けたようです。

こうしたライフスタイルを確立した経緯やその集大成を、巨泉氏は79歳になった2

013年に、『大橋巨泉「第二の人生」これが正解！―人生80年時代「後半生」を楽しく生きるための10の選択』（小学館）という著書に記していて、それは56歳の時から23年間のセミリタイア生活を総括したものです。

巨泉氏が「セミリタイア」と表現したのは、完全にリタイア（引退）して趣味だけで生きる「悠々自適の生活」ではなく、世界各地で仕事をしながらの自由な生活をするということです。

カナダ、オーストラリア、ニュージーランドの観光地に「ＯＫギフトショップ」というお土産店を経営していて、そこでの仕事を兼ねて毎年、各地に滞在するライフスタイルは私が理想とする人生後半に最も近いものでした。

世界を股にかけて短期移住を繰り返すのは私にはハードルが高かったので、まずは国内で「温暖な地域」ということで伊豆に注目しました。実は、巨泉氏は芸能界で活躍している頃は、静岡県伊東市に自宅を持ち、テレビの仕事が集中する時は都内のホテルに滞在して仕事をこなす2拠点生活を送っていたのです。

伊東は伊豆の玄関口にあたる温泉地で、新幹線の停車する熱海駅からもＪＲで20分程度に立地する便利なところです。

私も寒い気候が昔から苦手で、温暖な地域に憧れがあります。

常夏の島ハワイが大好きなのも気候が抜群というのが最大の理由です。

それともう１つ、温泉が大好きで、伊豆には湯量が豊富な温泉地が多く、いわゆる「源泉かけ流し」という、循環型の沸かす温泉ではない「純粋な温泉」が各地で出ます。

伊豆の温泉宿に滞在しながら執筆活動をしていた作家が多くいることでも有名です。ノーベル文学賞を受賞した川端康成をはじめ、遠藤周作、志賀直哉など数多くの作家が執筆場所として選んだほど、伊豆は籠って執筆活動を行うのに、とてもいい環境なのです。

本章では実際に伊豆の拠点で私がどんな仕事や生活をしているのか、２拠点生活のリアルを紹介しながら、デュアルライフの醍醐味を見ていきましょう。

アイデアが閃く必須の2拠点

2019年7月に執筆の拠点と位置付けて「伊豆事務所」をスタートしました。都内では企業研修や経営コンサルティングの仕事をしていて、まとまった時間を確保してビジネス書の執筆に集中するということが、なかなかできません。

もともと書くことは好きなので、ブログはほぼ毎日更新していますし、Twitter や Facebook などSNS投稿による情報発信も毎日行っています。

それに対して、書籍執筆の場合、私は構想をしっかりと練って、必要な多方面のインプットを行い、さらに具体的な事実や事例を集めて組み合わせながら、アイデアを熟成する期間を持つことにしています。

そうして考えがまとまったところで一気にアウトプットする、というプロセスで進めているのです。

本を書くスタイルは作家によって人それぞれで、誰にも個性があるので「このやり方がいい」という正解はもちろんありません。ただ、私の場合は、「アイデアを組み合わせて熟成させる期間を経て一気にアウトプットする」という方式の方がクオリティの高い、オリジナリティのある、勢いのある文章が書けるのです。

一気に書くアウトプットの場面では、邪魔されない時間と空間が必要です。さらに、海を眺めたり、温泉に入ったりしながらリラックスできる環境があるといいのです。

なぜかと言えば、人はリラックスした環境にいる（専門的に言えば、副交感神経が優位な状態にある）時に、いいアイデアがパッと浮かんでくるからです。これを私は伊豆で何度も経験しています。

こういう話をするとクリエイティブな仕事をしている起業家仲間の皆さんも「自分と同じだ」というのです。

「アイデアが浮かぶ3B」ということがよく言われていて、次の3つのBがつく場所を指します。

◆Bed（ベッドの中、寝床で）
◆Bath（お風呂の中、入浴中に）
◆Bus（バスの中、移動中に）

伊豆への移動ではバスは使わないのですが、会社員時代に出張で高速バス移動する時によくアイデアが浮かんできた経験があります。

電車や飛行機での移動だと私はすぐに読書時間になってしまうので、物事を考えることにならないのです。

バスの場合は本を読むと車酔いしてしまうため、他にやることがないので自然とリラックスして考える時間になります。

適度な揺れや遠くの景色がゆっくり変わっていくのもいい刺激になるようです。

また寝床や入浴中にも私はよくアイデアを思いつきます。

3つのBに共通するのが、リラックスしているタイミングということなのです。

人間は常に、交感神経が優位な「緊張状態」と、副交感神経が優位な「リラックス状態」を交互に保つことでリズムある生活を営んでいると言われています。

そうした自律神経の調整がうまくいかず、緊張状態ばかりでもリラックス状態ばかりでもパフォーマンスは上がらないし、健康も維持できないのです。

クリエイティブな仕事をする人の間で「バイブル」として読まれている有名な本で**『アイデアのつくり方』（ジェームス・W・ヤング著・CCCメディアハウス）**という本があります。

この本はあっという間に読めてしまうのですが、内容は深くて、多くのクリエイターの心をつかんで放しません。アイデアのつくり方として、主に以下の3点を挙げています。

◆アイデアとは既存の要素の新しい組み合わせ以外の何ものでもない

◆新しい組み合わせを作り出す才能は事物の関連性を見つけ出す才能に依存する

◆アイデアは、「材料収集」→「材料の消化」→「孵（ふ）化」→「検証と発展」という過程で作られる

私なりに解釈すると、様々なインプットを行い、それらを関連付けて組み合わせていくことが新たなアイデアであり、オリジナリティになります。そして、それにはアイデアを「孵（ふ）化」させるための熟成期間とリラックスできる環境が必要だ、となります。

そういう意味で、伊豆の事務所は籠って執筆するには最適な空間です。海を眺められる高台に建つリゾートマンションの1室で、特徴としてバルコニーが普通の住宅用マンションに比べると開口部が広く、窓が横に大きく広がっていて開放感があります。

バルコニーは東向きなのですが、左半分は山になっていて緑豊かな森林、右半分には海が広がっていて対岸に伊豆大島が見えます。この眺望が私は大好きで、眺めているとゆったりとした気分になれてリラックスできるのです。

とくに天気のいい日に、朝早く伊豆大島の麓あたりから上がってくる日の出を眺めるのが楽しみです。ハワイのワイキキビーチに建つホテルに滞在した時に、ダイヤモンドヘッドの麓から上がるサンライズを見たことがあり、その景観と重なります。私は早寝早起きで朝型の生活習慣なので、毎日朝日を眺めています。

現在の自宅をはじめ、これまではずっと南向きのリビング・バルコニーの部屋に住んできたのですが、伊豆ではたまたま東向きの部屋になりました。マンションの専門家に聞いたところでは、「東向きの部屋は朝日を浴びて前向きになれるという理由で経営者が好む」ということです。

私も初めて体験してみて、東向きの良さが分かってきました。

この部屋でどのように執筆を進めているかを具体的に紹介します。

まず、伊豆への移動中から始まるのですが、私は自動車を持っていないので基本的にＪＲと伊豆急行で移動します。

乗車中は毎回まとまった時間を取れる絶好の「読書タイム」になります。自宅から都内への移動だとせいぜい1時間程度しか読書できませんが、伊豆への移動となると乗り換えによる中断はありますが、片道3時間、往復で6時間の読書でインプット時間がしっかり確保できるのがいい点です。

「行ったり来たりして疲れませんか?」と聞かれることもありますが、もともと出張が好きなタイプなので、私としては気分転換になるし、読書時間をまとめて取れるので楽しく移動しています。

多い時は月4回、少ない時でも月2回くらいは埼玉と伊豆を往復しています。読む本はその時々で変わりますが、執筆が佳境に入って来ると、すぐに書きたい内容に直結する本を選んだりしています。なるべく観光旅行客や帰省客の移動と重ならない曜日や時間帯を選んで、空いている車両で過ごせるように工夫します。

それができるのがフリーランスのいいところでしょう。

デュアルライフ　アウトプット実践例

アウトプット実践例として、私の場合はまず書籍の執筆業を挙げます。

伊豆に滞在中は、過ごし方が2パターンに分かれます。

1パターン目は近所に外出して構想を練ったり、思考を深めたりする過ごし方。

2パターン目は部屋に籠ってひたすら集中して執筆に取り組む過ごし方です。


1つ目のパターンでは、お気に入りの場所がいくつかあります。

筆頭に挙げられるのが、事務所から徒歩15分にある古民家のカフェ。

ここは家族経営で国道から少し入った分かりにくい立地のため、比較的観光客は少なく、地元密着のカフェ。


総合病院がすぐ近くにあるので病院関係者の来店も多くて、いつも結構にぎわっています。ジャズ音楽が適度な音量で流れていて、おそらくオーナー関係者の趣味と思われますが、アンティークの楽器や陶器等がセンス良く配置されていて、とても雰囲気がいい空間です。

軽食のランチはパスタ、カレー、ピザ、ステーキ定食など個性のある本格的な味が楽しめます。

コーヒーも美味しくて、コーヒーゼリーもなかなかの味。テーブル・椅子のセットもセンスがよくて居心地がいいのです。15分ウォーキングをしてここに来て、ジャズ音楽を聴きながら読書をしたり、インプットしたことを整理したりして思索をめぐらすのが私の定番です。ランチ時に来て昼食を取りながらゆっくり滞在することもあります。

コーヒーはリラックス効果があるので、カフェにいると独創的なアイデアが浮かびやすく、大好きな読書と組み合わせると、私にとって至福の時間となります。

午後からコーヒーを飲みにくることもありますが、その時もゆったりと過ごして様々な構想を練ることができるのを楽しみにしています。静かな環境にジャズ音楽が流れているのも考えごとをするには最適なのです。

ここより手前で国道から反対の海側に入ったところに、もう1軒、海が一望できるカフェがあります。ここは眼下に海を臨める景観がウリです。沖縄料理など個性ある軽食ランチとコーヒー、デザートのメニューです。

ガイドブック等に掲載されていて、海が見えるカフェということで観光客にも人気のスポットになっています。海が見たい時はこちらのカフェに寄ります。

事務所のマンションは山の中腹にあるので、15分くらい歩いて下ってきて両方のカフェにたどり着く感じです。往復で徒歩30分、帰りは上りになるため、ちょうどいい有酸素運動になります。

これらカフェからさらに15分ほど下っていくと海沿いの漁港に出ます。役所、郵便局、伊豆急行の駅等は漁港近くの平地に立地しています。

この平地でもずっと探していたのですが最近、いいカフェを2店、発見しました。いずれも海沿いに立地していて、ランチ、かき氷等のデザートが楽しめます。海沿いの道を散策していると首都圏での散歩とは違った開放感があります。何といっても青い海が眼前に広がっていて、その向こうに伊豆七島が臨めます。

海に向かって左から大島、利島、新島、神津島、三宅島、御蔵島、八丈島です。快晴の時は七島すべてが見えますが、空が曇ったり霞んだりした時は大きな伊豆大島だけが見える感じになります。

海から少し離れるとすぐ山になっていて、緑豊かな森林から鳥のさえずりが一年中、聞こえてきます。この豊かな自然が伊豆の魅力で、海沿いを歩くのは至福の時間です。

以上の1つ目パターンで外出する場合は、徒歩で買い物やカフェ・飲食店での食事を組み合わせ、運動と必需品調達を兼ねて、気分転換と思索の時間を持つ形になります。

それに対して、2つ目のパターンは事務所の部屋に籠っての執筆三昧です。必要な食料や必需品を買い溜めておいて、3食自炊しながらひたすらアウトプットをしていきます。

1日の予定をざっと紹介すると、朝は5時〜5時半くらいに起床、洗濯をする場合はマンション内にあるコインランドリーで朝1番に行います。

洗濯がない場合は、すぐに朝のルーティンに入り、Twitter と Facebook にてブログ記事やハワイ情報の投稿。ブログの更新で前日に読んだビジネス書の書評記事の修正や仕上げを行います。

6時過ぎに日の出になるので、バルコニーに出て海と朝日を眺めながらのストレッチ体操です。

第3章で紹介したアキレス腱伸ばしとスクワット運動をバルコニーで入念に行いま

す。事務所は一番奥の角部屋になるので、バルコニーに出ても外は森林と海だけで、誰からも覗かれません。極端なことを言えば、たとえ裸で踊っていたとしても見えないので何を言われることもありません（もちろん裸にはなりませんが）。

ストレッチ運動を終えると室内に戻って朝のニュースチェックをしながら朝食を作ります。

まず自宅と同じパナソニックの沸騰浄水コーヒーメーカーでコーヒーを淹れます。コーヒー豆から全自動で香りのいいコーヒーができあがるスグレモノです。ずっとリピートで使い続けていて、伊豆のマシンが4台目になります。

コーヒーを淹れている間に、バルミューダのトースターでパンを焼きます。トースト、クロワッサン、フランスパン等その日の気分で選択しますが、パンの種類ごとにモードを切り替えて、最適な焼き具合にできるのがバルミューダのいいところ。焦げ目の付き方が抜群なのです。

これも自宅と伊豆事務所で色違いで同じものを置いています。

サラダや生ハム、日によってはフルーツをパンと一緒にいただきます。私は昔から3食、しっかり摂らないと駄目なタイプなので、朝食もしっかり食べます。

朝食後は、トイレ、髭剃り、歯磨きをしてから執筆に取りかかります。

ここまでは毎日ほぼ同じルーティンで規則正しいリズムを大切にしています。フリーランスになると自分でどのように時間を使おうと自由になるため、規則正しい生活リズムがより大切だと私は考えています。

よく定年退職後、急に自由な時間が増えたため時間を持て余してしまい、寝坊したり、だらだらとテレビを見たりして無為に時間を過ごし、一気に緊張感をなくしてしまう人は多くいます。

たとえ会社へ出勤するという時間の制約がなくなったとしても、規則正しいリズムを守って生活していくことは、健康面でも新しい仕事の面でもとても重要だと思うのです。

伊豆で仕事をする時は、執筆のための合宿に来たという気持ちで毎回、過ごしています。リゾート地の別荘にくつろぎに来たという感覚になってしまうと仕事はできません。そういう意味で、私の伊豆事務所は仕事場であり、文字通り「事務所」なのです。

執筆に取りかかると、なるべく中断を入れたくないので、その時の調子次第ですが、ほんの短い休憩をはさみながら、午前中は集中してアウトプットに取り組みます。実際に来客や連絡等はほとんどありません。スマホも見ない、ＳＮＳやメールもチェックしない体制で過ごします。

この時間は私にとって大好きな時間で、自分で構想し、組み合わせを考え、コンセプトを作り出して、事例を交えながらリズム感ある力強い文章を紡ぎ出すというのは、最良の喜びなのです。

早稲田大学時代、もともとジャーナリストの切れ味鋭い文章に憧れ、新聞記者になるトレーニングを積んできたので、魂が騒ぐのです。

単行本でいうと、1章分（30〜40ページ、２万文字程度）を書くくらいまで一気に書いていきます。

これを何章分か繰り返して一冊、単行本を書き上げていきます。本の種類にもよりますが、延べ7〜8日間くらいの時間を確保します。一気にアウトプットするまでに膨大なインプットとその組み合わせ、コンセプト作り等思考の時間を持って試行錯誤を繰り返すため、材料集め、１００冊以上の多読インプット、情報収集、インタビュー取材等で、出版企画書の構想からだいたい丸1年くらいをかけています。

1年に1冊の出版というのが私にとってはちょうどいいペースで、時期もすべて年末年始に脱稿、1〜2月にゲラ初稿、再校を経て3月出版というのが、他の仕事とのバランスが良くてスムーズに進むのです。

現在、起業8年目に入ったところですが、この本で6冊目の出版になります。いずれも年末年始の時期にまとめて一気にアウトプットしているのが本当に楽しいです。年末年始は、研修登壇やコンンサルティングの仕事が一切入らないため、まとまった日数の時間が唯一取れるタイミングで、ずっと溜め込んできたインプットを整理し組み合わせて、一気にアウトプットするのに最適なのです。

フリーランスになってから1年365日が年中無休で1日も完全休日という日はありませんが、仕事が楽しくて仕方ありません。

伊豆で執筆をするようになってからはとくにその思いが強いのです。

執筆に集中している時の午後の予定も紹介しますと、昼食は冷凍パスタなど麺類で軽く済ませることが多く、なるべく時間を取らないようにします。休憩を兼ねてランチで少しだけ気分転換という感じです。

ニュースやメールのチェックを最低限する以外は、海を眺めながら食べて、食後のコーヒーでひと休み。その後はすぐに執筆を再開します。

午前中に比べると、午後は脳の疲労も出てくるのでどうしても効率が落ちてきます。かなり落ちてきたな、疲れたなと感じたタイミングで休憩にして、まだ明るいうちに温泉に向かいます。ここがフリーランスの醍醐味で、眠気覚ましもかねて温泉に入り、サウナ、水風呂等でリラックス。日が沈んでから温泉に行くと外が真っ暗で何も見えないのですが、明るいうちだと温泉に入りながら真っ青な海が見えて格別です。入浴の最後にシャワーを浴びて出た後はマッサージルームへ。

15分間、自動設定にてマシンでマッサージをしていると、いつも一瞬、記憶がなくなって眠りに落ちてしまいます。目覚めた後は頭スッキリで、足裏マッサージと血圧測定をして部屋に戻ります。この間約1時間の休憩で、またリフレッシュした状態で執筆を再開します。このタイミングで部屋の空気をすべて入れ替え、新たな気持ちで集中してアウトプットに取り組めるのです。こうした環境は自宅では望めません。3年連続でこの環境にて年末年始に単行本を書き上げましたが、それまでの書籍執筆と比べると生産性の高さは明白でした。

YouTube動画の収録・編集

伊豆事務所での仕事で、執筆と並ぶ柱がYouTube動画の収録・編集です。

2020年2月にYouTubeチャンネルを開設し、『大杉潤のYouTubeビジネススクール』という番組において、ブログの書評記事で紹介したビジネス書をYouTube動画にて紹介するという取り組みを始めました。

スタートしたのはコロナ禍が始まった2020年2月で、マンション1階に入居者が安く借りられる会議室（私はスタジオと呼んでいました）があり、毎回そこを2時間くらい予約して、いっぺんに8～10本の動画収録をしていました。

スタジオに入ることで撮影モードに入り、集中できます。

スタンド、ライト、スマートフォンの撮影セットを持ち込み、すべて一人で作業を行います。YouTube動画による発信については、当初はビジネス書で学び、最低限の設備を用意した上で、詳しい起業家仲間の個人コンサルティングを受けて、すべての作業をひとりでできるようにしました。

基本的には、ｉＰｈｏｎｅをライト付きスタンドにセットして動画撮影し、それをｉＰａｄにて編集します。

スタートとエンドの音楽を挿入、効果的な文字入れ等。編集が完了したらＰＣにてYouTubeサイトにアップロードします。

最初はすべてが慣れない作業だったので、もの凄く時間がかかりました。それでもコロナ禍で4カ月間すべての研修がキャンセル・延期になったこともあって時間を取れたので、立ち上げたチャンネルで毎日1本、YouTube動画をアップするということを5カ月間続けたのです。

その時期は、毎日1冊ビジネス書を読んで、その書評をブログに公開し、さらに別の本（過去にブログで紹介したビジネス書）をYouTube動画で紹介することを15

0日間連続して行ったのです。

さすがにオーバーワークとなって毎日公開の旗は降ろしましたが、150本の動画を集中的に収録したことが思わぬ効果を生むことになりました。第2章で詳しく紹介した通りで、オンライン研修への移行がスムーズになったことです。

その後、部屋の中でWi-Fiの強化、レイアウト変更等の整備ができたので、スタジオでの収録から部屋の中での収録へ変更しました。

また、ネクタイ・スーツ姿で収録していたのも、もう少しカジュアルな方がいいという視聴者の声もあって、趣味として始めたウクレレの弾き語り収録も入れるタイミングでアロハやカジュアルな服装での収録に変えました。

徐々にYouTube動画の収録もやりやすくなってストレスが減ってきたのです。

伊豆事務所のリビングスペースにはあまりものを置かないようにしているので、撮影作業もやりやすくなっています。

もしこれを自宅リビングでやろうとするとレイアウト変更など大作業になってしまい、まず無理でしょう。

YouTube動画の編集作業、YouTubeサイトへのアップロードも基本的には伊豆の部屋で作業しています。

この作業で大切なのはWi-Fi環境ですが、埼玉の自宅よりもWi-Fi通信が混み合っている時間帯がないためか、伊豆の方が通信も安定している感じがします。以上のように、YouTubeチャンネルに関する仕事は基本的に伊豆事務所で行うことになりました。

オンライン研修や打ち合わせも伊豆で

YouTubeチャンネルに関する仕事をするうちに、ＰＣ、撮影機材、通信環境を整えることとなり、オンライン研修が実施できる環境にもなりました。

静かな空間が確保でき、通信環境も安定しているので、後は複数台のＰＣやヘッドセット等の備品が揃えばオンライン研修の配信も伊豆の事務所から可能になりました。

比較的、短い時間のオンライン研修から徐々に拡大し、今では数日間連続で行うオンライン研修も埼玉と伊豆のどちらでも変わりなく実施できるようになりました。どちらかと言えば、家族の生活動線から切り離すことができる伊豆での研修実施の方がストレスは少ないくらいです。

そうなると、働く場所の自由度はさらに大きく高まります。もともと研修やコンサルティングに関わる打ち合わせについては、訪問しての対面からほぼ１００％オンラインに移行したため、どちらにいても変わりないクオリティで仕事を進めていける環境になりました。

実績としても、２０２２年は埼玉と伊豆が半々くらいの滞在ウエイトになってきています。感染症の状況にもよりますが、少しずつ対面での研修への復帰も増えてきましたので、２０２３年はスケジュールによって使い分けていく形になりそうです。コロナ禍でオンライン化が急速に進んだことで、私自身のライフスタイルも大きく変わりました。

今後についても、感染症とは関係なく、オンライン化への流れは止まらないと思われますので、その都度、柔軟にスケジュールを組んでいきたいと思います。

様々な業務がオンライン化していくことで何が起こっているのでしょうか？

私たちフリーランスの間では、研修、講演、打ち合わせの予定を多く入れられるようになって生産性が上がったという声が多く聞かれます。

私自身もそうですが、例えば打ち合わせの場合、単純に移動時間がなくなるので、連続して3本、4本と打ち合わせを入れることが可能です。

例えば、1日すべて打ち合わせだけという予定の日があった場合、これまでの対面での打ち合わせなら、めいっぱい入れても午前2件、午後3件の計5件くらいがせいぜいでした。

これがすべてオンラインなら、午前だけで3件連続、午後も5件くらいは可能でしょう。

また、丸1日のオンライン研修を17時までやった上で、その後1時間のオンライン打ち合わせを入れるといったこともできます。

実際にそういうスケジュールは何回もあります。

ただ、注意しないといけないのは、物理的にスケジュールを入れるのは可能だとしても、疲労度はかなりのものになってくることです。

例えば、1時間の打ち合わせを3件連続で入れると、それぞれの打ち合わせがほぼ時間ピッタリに終わるので支障はないのですが、休憩時間がなくすぐそのまま次の打ち合わせに入るため、3時間休み無しで集中を強いられて疲労が蓄積するのです。

水を用意して声が枯れないように注意をしますが、トイレ休憩のタイミング等なかなか難しいものです。打ち合わせは1時間単位が多く、お互いに同じように連続して予定を入れていたりするので、ほぼ時間通りに終わって生産性は確かに上がります。ただ、疲労度や体調管理など対面での打ち合わせとは違った疲れが出るので要注意というのが、周りの起業家仲間の声で、私も実感しています。

逆にオンライン打ち合わせにはいい点もあります。

資料はデータによって送受信したり当日画面共有したりするので、ペーパーレスになって効率化されます。

またオンラインだと長々と世間話から入ることも少なくなり、あいさつ程度ですぐに本題に入ります。

お互いに発言の時間を均等に取ろうという配慮も自然にし合う感じがして、バランスよく意見交換ができる気がします。

打ち合わせ時間の意識もオンラインの方が強く持つ傾向があって、時間厳守になりやすいのではと思います。

実際にオフィスへの移動を伴う対面打ち合わせでは、電車の遅延等の事態で遅刻等も起こりますし、なかなかスケジュール時間通りに進まないものです。

それから服装等もカジュアル化する傾向にある気がします。

私はオンラインでもスーツ・ネクタイを基本にしていますが、外出しない場合は皆さん、割とカジュアルないで立ちです。最後に、私個人としては埼玉と伊豆のどちらにいても打ち合わせが可能という場所の自由度が最大の利点です。

増えてきた2拠点生活者

コロナ禍でリモートワークが定着したことで、2拠点生活というライフスタイルをする人が増えています。

完全な地方移住、田舎暮らしや別荘ではなく、東京圏内に仕事拠点をそのまま維持しながらもう1つの拠点を持って行き来しながら仕事をするスタイルの人たちが増えているのです。

移住となると、「これまでの仕事や子どもの学校をどうするのか」という問題があり一大決心となります。

また田舎暮らしだと都会の便利さは望めないし、別荘生活はお金がなければそもそも実現できない等、2拠点生活は特別な人のライフスタイルでした。

それが今、お金の問題をうまくクリアしながら2拠点生活を行う人たちが出てきています。昨年出版された『楽しい！2拠点生活』（世界書院）では、そんな仕事を持ちながら2つの生活拠点を実践する7名が紹介されていて、その日常生活、収支が細かくレポートされています。以下の人たちです。（敬称略）

◆森永卓郎：トカイナカの所沢（農業）と東京（ホテル滞在）

◆藤井誠二：東京と沖縄（沖縄本を執筆）

◆佐々木俊尚：東京、軽井沢、福井の3拠点生活

◆斎藤健一郎：東京と八ヶ岳（エコハウス）

◆石山アンジュ：東京と大分豊後大野

◆手塚美恵：東京と群馬県嬬恋村

◆三廻部麻衣：福島と東京（ホテル滞在）

これら7名の共通点は、「2拠点生活はお金がかかる」という常識をくつがえしている点です。それぞれの考え方に基づいて、それぞれの生き方を選択した結果が現在の2拠点生活なのです。コストのかかる東京での滞在を少なくし、地方や郊外では農業をして食費を減らす、移動が頻繁なのでモノを減らす、地元の人たちとの助け合いで生活コストを下げる等の工夫をして、「お金のかからない」スタイルを確立しています。

7名それぞれの2拠点生活の詳細について興味のある方はぜひ、前記の本をお読みください。ピンとくるライフスタイルに出会って参考にしたいと思う2拠点生活があるかも知れません。

この中で3拠点生活をしている佐々木俊尚氏は、旅作家の小林希氏との共著『多拠点生活のススメ』（幻冬舎プラス）で、多拠点生活の魅力について、次の5点を挙げています。

1．移動を繰り返すうちに、持ち物がシンプルになる
2．生活コストを下げるようになる
3．多様な人たちとの出会い、つながりができる
4．多拠点生活は「弱いつながり」の宝庫で仕事の枠が広がる
5．夫婦や家族でも距離が遠い方がいい関係が長続きする

佐々木氏は東京では人と会う仕事、軽井沢では執筆や読書、福井では新しい出会いと仕事とそれぞれの拠点での過ごし方を決めて快適なライフスタイルを実現しています。

どの拠点でもこだわりのある同じモノを揃えて同じ生活をしたいと感じる面があり、そうなるとモノを増やすのではなく減らす方向になる、と述べています。

そこは私も共感するところで、二重生活、三重生活はコストが2倍、3倍かかりそうですが、そうはならず、最小限必要なモノに絞り込んで生活がシンプルになるのです。

同書で対談相手となっている小林氏は、東京では人と会う仕事、瀬戸内海の島ではゲストハウス運営、海外ではインプットとアウトプットを集中的に行うというライフスタイルです。旅をしながら仕事をする生き方ですが、やはりモノを少なく生活をシンプルにという感じになるそうです。

シニア世代こそチャレンジしたい新しいライフスタイル

新たなチャレンジとして、今後5年間で力を入れたいと思っているのが、動画メディアによる発信です。

現在は、すべて自前で「大杉潤のYouTubeビジネススクール」というYouTubeチャンネルによるビジネス書の紹介動画を配信していますが、プロのプラットフォーマーから出演や提携のオファーをいただいています。

定年世代に向けた動画による情報発信は、間違いなくブルーオーシャンでしょう。とにかく中高年で動画配信ができる人が圧倒的に少ないのです。動画配信に長けているのは若者ですが、若者にはシニアに比べれば経験値がなく、コンテンツがありません。

とくに定年世代が欲しい年金等の老後資金についての情報や定年後のキャリア、働き方、終の住処等に関するノウハウは経験した者にしか分からないというところがあるので、なかなか難しいと思います。

これまでの定年退職者は引退して年金だけで悠々自適の老後を過ごすというイメージがあるので、ほとんど情報発信をしていません。

ところが、これから定年を迎える世代は、年金だけで生活していくのは厳しい金額しか受給できないし、そうかといって仕事を続けるイメージも「定年再雇用」以外には思いつかないのです。

そこで、定年後も楽しく生きがいを持って働き続ける中高年のライフスタイルは、自らのロールモデルとして、とても情報ニーズが高いのではないかと予想しています。団塊世代より下の高齢者は、スマホでYouTube動画を視聴する習慣が急速に広がりつつあり、今回の新型コロナ感染症による外出自粛生活がその潮流を加速させています。

世の中に需要が急拡大していると考えているので、信頼できる提携先とともに、動画による定年後ライフスタイルに関する情報発信をしていく計画を立てています。

当面は、現在のビジネスモデルにプラスして、この動画による情報発信に力を入れていきます。

最後に、その先の70代以降のサードキャリアについて語っておきます。

70歳〜75歳のどこかのタイミングで、ハワイに拠点を持って「執筆業」をメインにした働き方にチェンジしたいと考えています。

以前から出版記念パーティー等いろいろな場でお話ししているのですが、ハワイを拠点にして、ビジネス書の最高峰とも言われ、世界で４０００万部をこえるベストセラーとなったスティーブン・Ｒ・コヴィー博士の『７つの習慣』をこえる本を出版したいというのが私の夢です。

そのためには日本語で書くのではなく、英語圏に暮らしながら英語で執筆・出版したものを日本語に翻訳して日本国内でも出版という形で作品を生み出す必要があるかなと思っています。そのためのステップとして、英語力強化のためにハワイ留学を視野に入れています。

以前から考えていたプランとしては、米国の留学ビザで、まずダイヤモンドヘッドの麓にあるＫＣＣ（カピオラニ・コミュニティー・カレッジ）へ２年間留学、そこからハワイ大学の３年生にトランスファーして２年後に卒業、最後にダウンタウンにあるハワイ・パシフィック大学大学院に進学してＭＢＡを取得する、という計６年間の留学プランを立てています。

お金や健康状態との相談になってきますが、状況が許せば、ハワイと伊豆の２拠点生活をしながら、執筆業と新たなYouTubeチャンネルを立ち上げてハワイ情報を発信していくのも面白いかな、と考えています。

私の人生のミッションは、「世界中の人々に、ビジネス書の素晴らしさを伝えていく」ことなので、70代からのサードキャリアはそこに向かって進み、人生のピークを70歳以降に持ってくるように人生設計図を描いています。

こうしたプランを立てられるのは、人生100年時代が来ることを早くから学んで予測し、「トリプルキャリア」という考え方を持って50代から戦略的に準備をして、「定年ひとり起業」という働き方にライフシフトしたからだと思っています。

第5章のポイント

◆大橋巨泉氏の「ひまわり生活」は人生の優先順位を、①健康、②パートナー、③趣味、④財政と決めて、温暖な気候を求めて移動するライフスタイル

◆執筆の拠点として伊豆に事務所を構えて、デュアルライフ（2拠点生活）をスタートしたが、クリエイティブな仕事に伊豆は最適

◆伊豆事務所では、YouTube動画の収録・編集の仕事やオンライン研修の配信、オンライン打ち合わせへとできることが拡大

◆コロナ禍でのリモートワーク定着により、仕事をしながら2拠点生活をする人たちが増えている

◆2拠点生活や多拠点生活では、移動を重ねるうちに、モノが減り、生活がシンプルになって、生活コストも下がる

◆サードキャリアでは、ハワイと伊豆のデュアルライフで、執筆業に絞り込んでライフワークとする

◆人生のミッションは、「世界中の人たちにビジネス書の素晴らしさを伝えていくこと」

おわりに

本書を最後までお読みいただき、ありがとうございました。

また、『定年ひとり起業』および『定年ひとり起業　マネー編』に続いて、『定年ひとり起業』シリーズ3部作をすべて読破してくださった皆さまには、心より感謝いたします。

3部作を書き終えた今、私のこれまでの65年間の人生で、1万2000冊をこえるビジネス書から学び、実践して獲得してきた「幸せな人生を送るために大切なこと」はすべて3冊にアウトプットし尽くしたという思いでおります。

まもなく65歳になって高齢者の仲間入りをしますが、ほとんどの会社員が定年再雇用の期限を迎えて定年退職となるタイミングで、私は好きな仕事だけを1年365日行う現役生活をそのまま続行します。

57歳の時に会社員を卒業し、定年ひとり起業に踏み出してから8年目に入りましたが、仕事の幅は年々拡大し、とくに60代に入ってからは自分のペースで好きな仕事を選んで、好きな場所で働くことができるようになりました。

高齢者になって年金受給者となる65歳のタイミングで、現在のライフスタイルを実践できるようにするために50代からコツコツと戦略的に準備をしてきました。

私は65歳では年金を受け取らず、受給を繰り下げて年金額を増やしていきます。

フリーランスというのは1年1年が勝負で、翌年は同じように仕事があるとは限りません。

健康上の問題が生じれば収入がゼロになるリスクもあります。

そういう意味では収入の保障がない働き方なのです。

だからこそ、健康管理に関する情報には敏感ですし、自らを律して規則正しい生活をし、1つ1つの仕事に誠実に全力で取り組んで、お客様に最大限の価値をお届けできるように日々、努力を積み重ねています。

この本には、前2作では十分に書くことができなかったノウハウや考え方、参考書籍とその実践法をすべて書き尽くすことができました。

人生100年時代と言われる長寿社会となったわが国で、「定年後ライフスタイル」は今後、大きく注目されるテーマとなるでしょう。


格差社会の本命は「高齢者間の格差」です。

IKIGAI（生きがい）と言えるライフワークを持って生涯現役・生涯貢献で、健康長寿の幸せな人生を送るのか、そうでない人生を送るのか、すべては70代からの人生ではっきりします。

それを決めるのは、50代、60代のあなたの「人生の選択」です。

ひとりでも多くの会社員の皆さまが、本書をきっかけに、定年ひとり起業というライフスタイルを選択して幸せな人生に向けて一歩を踏み出すことを心からお祈りしてペンを置きます。


最後になりましたが、本書を含めて『定年ひとり起業』シリーズ3部作を世に送り出すことができたのは、自由国民社 副編集長の三田智朗様をはじめ関係者の皆様、およびインタビュー取材を快諾いただき、貴重なお話を語ってくださった坂下仁様、牧壮様、早瀬久美様のおかげです。

改めて心より御礼申し上げます。ありがとうございました。

『WPP シン年金受給戦略』（谷内陽一・中央経済社）

『一生頭がよくなり続ける　すごい脳の使い方』
（加藤俊徳・サンマーク出版）

『超初心者向け副業術：スキルも才能も不要』
（小林依久乃・Clover出版）

『働き方が変わった今、「独立」か「転職」か迷ったときに読む本』
（佐藤文男・クロスメディア・パブリッシング）

『年金にあとプラス10万円を得る方法』（藤木俊明・産学社）

『「80歳の壁」を超える食事術』（吉村芳弘・幻冬舎新書）

『正しい家計管理 長期プラン編』（林 總・すみれ書房）

『仕事の量も期日も変えられないけど、「体感時間」は変えられる』
（一川誠・青春出版社）

『人生は図で考える 後半生の時間を最大化する思考法』
（平井孝志・朝日新書）

『トカイナカに生きる』（神山典士・文春新書）

『成熟スイッチ』（林真理子・講談社現代新書）

『「40歳の壁」をスルっと越える人生戦略』
（尾石晴・ディスカヴァー・トゥエンティワン）

『ミッドライフ・クライシス』（鎌田實・青春新書）

『あなたは人生に感謝ができますか？』
（佐々木正美・講談社）

『新時代の話す力 君の声を自分らしく生きる武器にする』
（緒方憲太郎・ダイヤモンド社）

『戦略的思考トレーニング』（三坂健・PHPビジネス新書）

『還暦後の40年：データで読み解く、ほんとうの「これから」』
（長澤光太郎・平凡社）

＊その他、本書の第４章にて紹介している書籍15冊およびその関連書籍

参考文献一覧

『定年起業を始めるならこの１冊！定年ひとり起業』
（大杉潤・自由国民社）

『定年後のお金の不安を解消するならこの１冊！定年ひとり起業マネー編』（大杉潤・自由国民社）

『定年後不安 人生１００年時代の生き方』（大杉潤・角川新書）

『入社３年目までの仕事の悩みにビジネス書１００００冊から答えを見つけました』（大杉潤・キノブックス）

『銀行員転職マニュアル 大失業時代に生き残る銀行員の「３つの武器」を磨け』（大杉潤・きずな出版）

『大橋巨泉「第二の人生」これが正解! − 人生80年時代「後半生」を楽しく生きるための10の選択』（大橋巨泉・小学館）

『アイデアのつくり方』
（ジェームス・W・ヤング著・CCCメディアハウス）

『認知症専門家医が教える! 脳の老化を止めたければ歯を守りなさい!』
（長谷川嘉哉・かんき出版）

『儲かる会社はホームページが９割』（芝田弘美・自由国民社）

『１日１テーマ読むだけで身につく ホームページ集客大全100』
（芝田弘美・自由国民社）

『キャリアをつくる独学力―プロフェッショナル人材として生き抜くための50のヒント』（高橋俊介・東洋経済新報社）

『楽しい！２拠点生活』（森永卓郎他・世界書院）

『多拠点生活のススメ』（佐々木俊尚・小林希・幻冬舎プラス）

『時間とムダの科学』（大前研一他・プレジデント社）

『７つの習慣』（スティーブン・Ｒ・コヴィー・キングベアー出版）

『「向いている仕事」を見つけよう 「人の役に立つ12の資産」から自分の強みがわかる』（トム・ラス・ダイヤモンド社）

『50歳からの人生が変わる痛快！「学び」戦略』
（前川孝雄・ＰＨＰビジネス新書）

■プロフィール

大杉 潤（おおすぎ じゅん）

1958年東京都生まれ。フリーの研修講師、経営コンサルタント、ビジネス書作家。早稲田大学政治経済学部を卒業、日本興業銀行に22年間勤務したのち東京都に転職して新銀行東京の創業メンバーに。人材関連会社、グローバル製造業の人事・経営企画の責任者を経て、2015年に独立起業。

年間300冊以上のビジネス書を新入社員時代から40年間読み続け累計1万2000冊以上を読破して、3000冊以上の書評をブログに書いて公開している。
静岡放送SBSラジオ『IPPO』に毎月レギュラー出演の他、NHK『あしたも晴れ！人生レシピ』、テレビ朝日『スーパーJチャンネル』、文化放送『ロンドンブーツ1号2号田村淳のNews CLUB』に出演。
妻が社長の合同会社ノマド＆ブランディング・チーフコンサルタント、株式会社HRインスティテュート・アライアンスパートナー、リ・カレント株式会社・プロフェッショナルパートナー、株式会社カインドウェア顧問。

著書に『定年起業を始めるならこの1冊！定年ひとり起業』（自由国民社）、『定年後のお金の不安を解消するならこの1冊！定年ひとり起業　マネー編』（自由国民社）、『定年後不安 人生100年時代の生き方』（角川新書）、『入社3年目までの仕事の悩みに、ビジネス書10000冊から答えを見つけました』（キノブックス）、『銀行員転職マニュアル 大失業時代に生き残る銀行員の「3つの武器」を磨け』（きずな出版）がある。

公式WEBサイト　http://jun－ohsugi.com/

定年前後の生き方の悩みを解消するならこの1冊！
定年ひとり起業　生き方編

2023年4月07日　初版第1刷発行

著　　　者　　大杉　潤

カ　バ　ー　　小口翔平＋奈良岡菜摘（tobufune）
本文デザイン&DTP　有限会社中央制作社

発　行　者　石井　悟
発　行　所　株式会社自由国民社
〒171-0033 東京都豊島区高田3丁目10番11号
電話 03-6233-0781（代表）
https://www.jiyu.co.jp/
印　刷　所　奥村印刷株式会社
製　本　所　新風製本株式会社
編集担当　三田智朗

老後のお金の不安に
関して具体的に
「働き方」「年金」「投資」
「家」「ライフプラン」の
観点から

お話します。

老後資金2000万円問題の不安を解消するには、
具体的に何を改善すればいいのかを
明確にすることが大切です。

そのためのメソッドを極力シンプルに記載しております。

定年後の月5万円の不足を埋めるための
「ひとり起業」の仕方や、
年金のお得な受給の仕方、
コツコツ積み立てる投資法をわかりやすく書きました。

定価 1,595 円(本体 1,450 円 + 税)
四六 判/ 208ページ
2022年03月28日 発行
ISBN 978-4-426-12786-2